민원 제로

민원 제로

소름끼치는 민원을 해결하는 근본적 소통 기술

초 판 1쇄 2025년 04월 23일

지은이 김영준
펴낸이 류종렬

펴낸곳 미다스북스
본부장 임종익
편집장 이다경, 김가영
디자인 윤가희, 임인영
책임진행 이예나, 김요섭, 안채원, 김은진, 장민주

등록 2001년 3월 21일 제2001-000040호
주소 서울시 마포구 양화로 133 서교타워 711호
전화 02) 322-7802~3
팩스 02) 6007-1845
블로그 http://blog.naver.com/midasbooks
전자주소 midasbooks@hanmail.net
페이스북 https://www.facebook.com/midasbooks425
인스타그램 https://www.instagram.com/midasbooks

ⓒ 김영준, 미다스북스 2025, *Printed in Korea*.

ISBN 979-11-7355-194-9 03320

값 17,500원

미다스북스는 다음세대에게 필요한 지혜와 교양을 생각합니다.

Complaints Zero

민원 제로

김영준 지음

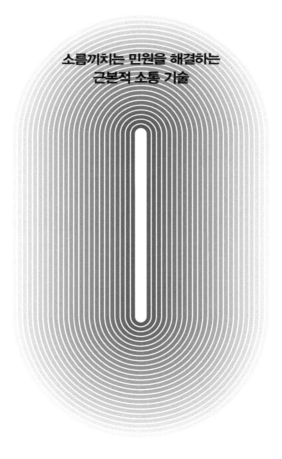

소름끼치는 민원을 해결하는
근본적 소통 기술

미다스북스

추천사

게 활용할 수 있는 실질적인 조언과 해결책을 제공한다. 사무실에 두고 계속 볼 책이다.

IT동아 대표이사 강덕원

최근 디지털 민원 시스템이 발달하며, 빠른 답변을 필요로 하는 경우가 늘어나고 있다. 이 책은 신속하면서도 정확한 대응의 중요성을 상기시키며, 구체적인 전략과 방법을 제시하여 그 어려움을 덜어준다. 실전에서 바로 적용할 수 있는 효율적인 대응 전략을 제공하여 민원 해결을 돕는다.

서울벤처대학원대학교 교수 황찬규

서울창조경제혁신센터의 제갈공명인 김영준 실장이 현장에서 체득한 경험과 전문성을 담아 출간한 책이다. 대민업무 및 고객을 직접 응대하는 모든 이들에게 필수적인 지침서로, 위기 상황을 효과적으로 관리하는 법을 제시한다.

한국무역협회 UAE지부 지부장 박필재

복잡한 민원의 세계를 명쾌하게 정리했다. 우리나라가 정부 차원에서 민원을 법제화하는 노력을 잘하고 있다. 악성 민원은 국내뿐만 아니라 해외에서도 큰 문제로 대두되고 있다. 이 책은 그 해결책을 구체적으로 제시하는 지침서다.

신용보증기금 수석부부장 정병근

10년의 현장 경험을 통해 얻은 통찰을 이 책 한 권으로 알 수 있다. 사람을 대하는 일을 잘하고 싶다면 이 책의 필독을 권한다. 현장에서 단련된 지혜가 담긴 이 책은 대민업무의 모든 난관을 헤쳐나갈 등불이 될 것이다.

민보미 법률사무소 대표 민보미

공공기관과 기업 모두에게 필요한 지침서다. 이 책은 법적 검토를 포함한 민원 응대의 중요성을 강조한다. 실용적인 해결책을 제공해서, 고객의 불만을 정확히 해결할 수 있다. 현장의 경험과 전문성이 빛나는 민원 해결의 정석이다.

한국나노기술원 실장 김성수

일반적으로 피하고 싶은 게 민원 응대다. 일방적으로 수용도 거부도 어려운 민원에 대해, 이 책에서 속 시원한 해답을 얻을 수 있다. 위기를 기회로 전환하는 지혜와 공감 커뮤니케이션의 핵심 노하우가 담겨있는 필독서다.

(재)함께일하는재단 사무국장 이원태 ─────────────

이 책은 민원 응대에서 공정성을 지키는 어려움에 대한 이해를 바탕으로, 이를 해결할 수 있는 전략을 제시한다. 다양한 민원 상황에서 공정하게 대처하는 방법을 구체적으로 설명하며, 민원 처리의 어려움을 극복할 수 있도록 돕는다.

서울디자인재단 디자인문화본부 팀장 강경남 ─────────

공공에서 시민을 상대로 민원을 처리하는 어려움을 이해하고, 실질적인 해결책을 제시하는 유익한 책이다. 다양한 민원 상황을 다루며, 실제 사례를 통해 문제 해결 능력을 키울 수 있도록 돕는 유용한 가이드이다.

(재)서울경제진흥원 본부장 이태훈 ──────────────

민원은 공직자의 피할 수 없는 숙명임과 동시에 성장의 기회이기도 하다. 공공기관에서 근무하는 사람들의 거의 다수가 민원 응대를 가장 피하려 한다. 가시방석 같은 민원에 대한 저자의 풍부한 경험이 빛나는 이 책을 통해 민원의 묘수와 정수를 찾아 성장의 기회로 만들기 바란다.

경기도 AI국 AI국장 김기병 ────────

인공지능의 확산으로 고객 응대에 초개인화와 초자동화의 도입이 가속되고 있어, 고객과 직접 대면하는 경우의 커뮤니케이션 수준에 대한 기대 역시 높아지고 있다. 이 책은 고객과 직접 대면할 때 필요한 소통 기술과 민원 해결의 노하우를 상세히 다루어, 민원 처리 과정에서 발생할 수 있는 어려움을 보다 쉽게 극복할 수 있도록 돕는다. 민원 응대의 전문가로 거듭날 수 있는 기회를 만나보기 바란다.

㈜코엑스 상임고문 이동기 ────────

민원은 조직의 거울이다. 불평에서 기회를 발견하는 통찰력을 제시하는 이 책은 모든 관리자의 필독서다. 고객과의 진심 어린 소통을 통해 충성 고객을 늘리는 길을 이 책을 통해 섭렵하기 바란다.

(재)서울창조경제혁신센터 대표이사 이영근 ────────

스타트업의 성장을 돕는 업무를 하다 보면 예기치 못한 민원을 마주하기 십상이다. 경험을 통해 체득한 근본적 민원 해결 방법의 노하우를 만나보기 바란다. 이 책은 위기를 기회로 바꾸는 실전 안내서이다.

나를 2년간 숙고하게 만든 질문

사실 내가 민원에 관한 책을 쓰게 될지 전혀 상상도 하지 않았다.

나는 대기업 신입 연구원으로 시작해서 수석연구원이 될 때까지 누구에게 아쉬운 소리를 할 일도 적었고, 특히 모르는 사람과 티격태격할 일이 전혀 없었다. 하지만 대기업을 그만두고 사업도 해보며 상황은 바뀌었다. 스타트업 지원 기관에 일하며 생면부지의 사람에게 욕도 먹고 협박도 받아보면서 민원을 직접 체험했다. 정부 자금으로 스타트업을 지원하는 일을 하면서, '무조건 정부지원금을 달라는 사람', '선정되지 않았다고 불같이 화내는 사람' 등등 다양한 사람들을 만나게 되었다. 화가 머리끝까지 나 있는 사람들을 접하면서, 근본적인 해결책은 뭘까에 대해 깊이 생각했다. '어떻게 하면 이런 상황이 다시 생기지 않게 할 수 있을까?', '어떻게 하면 상호 모든 사람이 불만 없도록 할 수 있을까?' 10년 가까이 고민하며 방법을 찾고 실행하고를 반복했다.

그러던 어느 날 서울교통공사에서 전화가 왔다. 스타트업과 협력하는 방법을 모색하고 있다며, 내게 도움을 요청했다. 갑작스러운 요청이었지만 서울교통공사에서 스타트업과 협력을 마음먹고 진행한다면 스타트업에게 매우 좋은 일이기에 바쁜 일을 제쳐두고 만났다. 대화 속에 스타트업과의 협력 시 주의할 점, 공공기관도 스타트업과 협력을 늘리고 있는 최신 현황을 이야기했다. 그랬더니 아예 중간관리자 대상 특강을 요청받았다. 서울교통공사의 부장급 중간관리자 100명 대상 특강을 2회에 나누어 진행했다. 이후 서울교통공사 사장님 포함 임원급 대상 특강을 추가로 요청받았다. 사장님과 임원 40명을 대상으로 특강을 했다. 그리고 났더니, 스타트업과 협력할 과제를 제출한 부서 담당자 및 오픈이노베이션 담당자 대상 '민원을 최소화하는 방법'에 대한 특강을 또 요청받았다. 스타트업과 협력을 늘리고 싶은 마음과 동시에 민원에 대한 걱정, 그리고 대처 방법에 대한 목마름이 있는 것 같았다. 그래서 나는 '민원 제로'라는 제목의 특강 자료를 만들어 강연했다. 전화 한 통으로 시작된 인연이 특강과 여러 번의 톡과 전화로 서울교통공사 내부에 스타트업과의 협업 물꼬를 트게 했다. 이 과정에서 공사에 임직원들이 '민원'에 대해 매우 위축되어 있고 심지어 회피하고 싶어 한다는 사실을 체감했다. 서울교통공사도 공공이기에 악성 민원과 대민 업무에 대해 스트레스를 받고 있었다.

나도 처음 민원을 직접 접했을 때의 충격은 이루 말할 수 없다. 그리고 최근에 공무원이나 교사의 민원으로 인한 자살 등의 뉴스는 남 일 같지 않다. 그래도 다행인 부분이 있다. 과거에는 악성 민원을 바라보는 시각이 특정 사람이 민원 응대를 잘하지 못해 발생했다고 보는 경향이 다분했으나, 근래 들어 도를 넘는 극성 민원 사례들이 세상에 알려지면서 개인 차원의 민원 응대가 아닌 조직과 회사 차원의 응대로 바뀌고 있다. 또한 기존에 민원인을 응대하는 사람의 인권은 크게 고려되지 않고 민원인의 인권만 보호되는 경향에서 지금은 민원인과 민원을 응대하는 모두의 인권을 중요하게 여기는 분위기로 확실히 바뀌었다. 나도 경험해 보았지만, 어느 날 불현듯 발생한 민원 때문에 심장이 두근거리고 잠도 안 오는 상황은 정말 생각도 하기 싫을 만큼 괴롭다. 점진적으로 민원이 커지면 미리 준비라도 할 수 있다. 그러나 점진적으로 커지는 경우보다는 인지하지도 못한 사이에 큰 민원으로 번지는 경우가 많다. 나는 이 책에서 고객 불만이 강한 민원으로 커지지 않도록 하는 방법에 대해 사례 중심으로 소개한다. 이때 민원인의 심정도 고려했다.

꽉 막혀 대화 안 되고, 막무가내로 요구만 하는 분풀이 악성 민원인의 심리와 심정에 관해서 본 책에서는 깊숙이 다루지 않는다. 그런 악의적 민원인은 오히려 그만한 벌을 받아야 한다고 생각한다.

대기업을 그만두고 나서 내 사업을 시작하면서 내가 대기업 다닐 때 나에게 끔찍이도 잘해주었던 중소기업 사람들에게 연락했었다. 내 사업도 알리고 잘 지내는지 안부도 묻고 하려고 별생각 없이 연락했다. 하지만 놀랍게도 일부 사람이 나한테 '왜 전화하셨어요?'라고 말했다. 반갑게 맞아줄지 알았지만, 그들과 이해관계가 없어진 나는 그들에게 더 이상 값어치 있는 사람이 아니었다. 너무나도 차갑게 대하는 그들의 말이 나에게는 엄청난 충격으로 다가왔다. "뭐가 잘못된 걸까?" 나는 심지어 내가 인생을 잘못 산 것 같은 마음마저 들었다. 어디서부터 어떻게 잘못된 건지 도무지 정리가 안되었다. 거의 2년을 넘게 숙고했다. '앞으로 어떻게 살아야 하는가?'라는 질문과도 연결되기에 그때까지의 삶 전반을 돌아보았다. 결론에 도달했다. 나는 '공감이 부족한 삶'을 살았다. 대기업에 다니며 '갑'스러운 삶을 영위하며 중소기업의 힘듦에 공감하지 못했다. 그들과 충분히 교감하며 일하지 않았다. 대기업을 다닐 때 나를 대하는 중소기업 사람들의 겉모습만 보면 굳이 공감할 필요가 없다. 대기업 완장이 마치 나 자신이라 착각하고 지내며 으스대며 살았다. 만약 내가 대기업에 다닐 때 중소기업 사람들하고 그들의 어려움에 공감하며 상호 동등하다고 여기면서 존중했다면, 대기업 퇴사 후에도 그들하고 인간적인 만남을 했을 거다.

나에게 이런 숙고의 시간은 삶을 기존과 다른 자세로 살도록 만드는 근간이 되었다. 스타트업을 지원하는 업무를 하면서, 나는 스타트업 대표들과 이야기 나누며 그들의 상황에 대해 공감하며 일한다. 이런 과정에서 다양한 민원을 접했으며 민원의 해결 과정에서도 공감하며 해결하려고 노력한다. 민원을 제기하는 사람의 심정을 이해하려 노력한다. 얼마나 답답하면 민원을 제기하겠는가?

'진정한 공감'에 대해 원점에서 다시 생각해 보자. 고객을 대하는 마음가짐과 자세에 대해 곱씹어 보자. 이 책을 통해 민원으로 고통받는 사람은 줄고, 더불어 고객과 즐겁게 소통하는 사회를 만드는 데 일조하고자 한다.

업무 올 스톱,
민원의 모든 것을 말한다

나는 과거에 대기업 연구소에 근무하며 중소기업 기술을 검토하고 도입하는 일을 20년 가까이 했다. 이 과정에서 자연스레 몸에 익은 게 '갑'의 입장과 논리였다. 상용화하기엔 부족한 기술을 중소기업에서 나에게 소개할 때면, 나는 화가 치밀어 올랐다. '이렇게 준비되지 않은 기술을 우리한테 제시하다니…' 하면서 속으로 욕하곤 했다. 하지만 인과응보라고 했던가. 나는 지금 스타트업(초기 기업)을 돕고 육성하는 일을 하게 되었다. 상황이 바뀌어, 나에겐 스타트업이 고객이다. 최근엔 대기업과 스타트업을 연결하는 일이 핵심 업무가 되면서 대기업도 고객이 되었다. 갑으로만 살아온 내가 스타트업에게도 대기업에게도 '을'로 일을 한다. 이런 과정에서 소위 말하는 '민원'을 제대로 체감해 왔다.

처음엔 '민원'이 뭔지, '이의제기 심의 위원회'가 뭔지 아무런 지식이 없었다. '갑'으로만 살던 내가 멱살도 잡혀보고 발길질도 당하면서 너무나 의아했다.

"이 사람들은 무엇 때문에 이렇게도 화가 나 있는 걸까?"

"도대체 왜 이런 민원이 발생할까? 이런 불만이 안 생기게 할 순 없을까?"

"난 잘못한 게 없는데, 내가 왜 멱살을 잡혀야 하는가? 내가 발길질당한 걸 누구한테 위로받아야 하는 걸까?"

2016년, 내가 스타트업 지원 업무를 시작했을 때, 나에게 '민원을 조심하라.'라고 조언해 준 사람은 없었다. 그래서, 우리 기관에 방문하여 고래고래 소리 지르거나 화내면서 말하는 사람이 보이면 호기심 반, 해결해 보고 싶은 마음 반해서 자청해서 '민원인'을 접했다. 하지만 다른 사람들은 달랐다. '똥이 무서워서 피하냐 더러워서 피하지' 하면서, 피하기에 급급했다. 아니나 다를까, 직원들이 민원인을 피하는 순간 해당 민원인은 더욱더 난리 쳤다. 목소리를 더 크게 내면서 책임자 나오라고 소리 지른다.

나는 문제가 보이면 나서서 해결하던 대기업 다닐 때의 습성이 그대로 발동했다. '안 되면 되게 하라.'는 정신이다. 민원인의 고함에 그냥 뛰어들어 부딪쳤다. 혼자 여러모로 고민했다. 민원이 안 생기게 하려면 이렇게 하는 게 좋을까? 저렇게 하는 게 좋을까? 고민하며 일했다. 이미 발생한 민원에 대해서는 어떻게든 나 스스로 해당 민원의 마침표를 찍으려 했다. 민원 제로의 세상을 꿈꾸며 여러 시도를 했다. 이렇게 노력한 지 어언 10년 가까이 되었다. 이젠 민원이 생기지 않게 하려면 어떻게 해야 하는지, 어떤 대목에서 민원 요소가 잠재되어 있는지 안다. 민원 발생 요인을 제거하고 선제적 대처를 통해, 지금 나와 내가 맡고 있는 조직에 악성 민원은 없다. 그렇다고 해서 지금 룰루랄라 편하게 일하고 있다는 뜻은 아니다. 긴장할 대목을 알고, 적절한 시기에 적절한 행동을 알고 있기에 악성 민원이 없다. 그래도 긴장의 연속은 맞다. 고객 불만은 언제든 생길 수 있기 때문이다.

민원이 없는 상태의 일반적인 긴장과 악성 민원으로 인해 업무가 모두 정지된 상태는 확실히 다르다. 발생한 악성 민원을 해결하기 위한 긴장은 차원이 다르다. 어디로 튈지 모르기에 다루기 힘들고 예측도 안 된다. 뉴스에서 보았듯이 불을 지를 수도 있고, 민원 응대자가 자살할 수도 있다. 생각만 해도 끔찍하기에 '악성 민원'을 아예 접하지 않는 일을 찾아 퇴사하는 사람도 있다. 민원에 된통 당해본 사람은 안다. 그 고통이 이루 말할 수 없음을…. 진상 민원을 떠올리면, 밥 먹다가도 화가 치밀어 숟가락을 식탁에 탁하고 내려놓게 되고, 자려고 누웠다가도 벌떡 일어나 한숨을 내쉰다. 내가 지금 무엇을 한 건가. 소위 말하는 현타가 온다. 악성 민원 앞에서 창의적 업무, 스마트한 업무 등의 단어는 고상한 다른 나라 언어처럼 들린다. 악성 민원 수습을 위한 대책 회의를 하고 있노라면, 도대체 어디서부터 잘 못된 건지 상상도 안 될뿐더러, 이 상황에서 벗어나고 싶은 마음이 굴뚝이다. 특히 초동 대처가 미흡해서 민원이 커지면 정말 안타깝다. 고객이 던진 사소한 질문에 대해 무심코 뱉은 응대가 심각한 악성 민원으로 번지는 걸 체험하다 보면, '아 그때 이렇게 할걸.'하고 후회하기 다반사다. 하지만 이미 발생한 악성 민원 앞에서는 속수무책이다. 도대체 어디서부터 잘못된 걸까? '민원인이 정상적이지 않다.', '민원인이 사이코패스다.' 이런 말과 평계로 상황을 벗어났으면 좋겠으나, 악성 민원인의 집요한 불만 제기에서 쉽게 벗어날 수 없다. 심지어 이런 민원으로 인해 그동안 일 잘한다고 칭찬했던 상사와의 신뢰에 금이 간다. 민원이 더욱 크게 불거지면, '제때 보고하지 않았다.', '처음 대처를 잘못했다.', '평상시 고객과 소통이 부족했다.', '고객 응대 노력이 부족했다.'라는 등 순식간에 회사 내에 문제아 대우를 받는다. 앞뒤 가리지 않는 악성 민원인으로 인해, 일 못하고 의사소통 역량이 부족한 사람으로 일순간 나락을 경험하며 자괴감에 빠진다. 내가 문제인가?? 아니면 민원인이 사이코패스인가??

　책을 통해, 민원에 대해 직접 겪고 개선을 시도하면서 알게 된 사실들을 이야기하겠다. 이론과 가설이 아니라, 실제 경험하면서 고민하면서 고객과 부딪히면서 알게 된 내용이다. 타인을 대하는 데 어려움을 겪고 있거나, 고객과의 직접적인 관계 형성을 어떻게 해야 할지 모르는 분 등, 이 책을 통해 독자들께서는 고객과의 근본적인 관계 정립에 대해 깊이 성찰해 보는 시간을 가지면 좋겠다.

언제나 어디서나
나타나는, 민원!

–

"민원, 말만 들어도 소름 끼친다면
이 책을 끝까지 읽으셔야 합니다!"

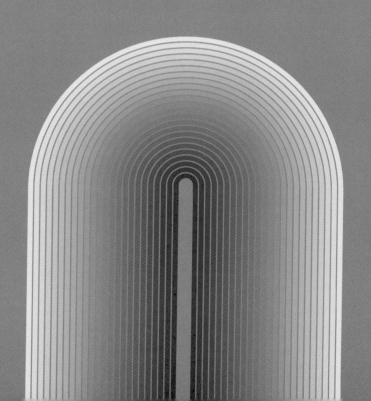

무차별적 난동

"필요한 사람에게 도움을 줘야지!"

　민원 중에서 가장 대응이 어렵고 당황스러운 상황은 무차별 난동이다. 처음부터 어떠한 요구나 불만을 제기하지 않고 다짜고짜 소리를 지르거나 소동을 부려 평온한 일상이나 진행되고 있던 행사, 업무를 마비시킨다. 이러한 무차별 난동은 인터넷에 떠도는 이야기 같지만, 의외로 현장에서는 비일비재하다.

　내가 제일 처음 강력한 민원인을 대한 건, 스타트업 관련 컨퍼런스에서다. 스타트업을 지원하는 역할의 공공 업무를 하는 기관의 전문위원으로 일하던 2016년이었다. 빌딩 1층에 컨퍼런스 홀이 위치하고, 2층에 우리 사무실이 있던 구조였는데, 그날은 컨퍼런스 홀에 200명 관객이 꽉 차 있었다. 컨퍼런스에서는 서너 명 연사의 발표가 있었다. 그 시각 나는 2층에 있는 사무실 내 자리에서 업무를 보고 있었다.

갑자기 내 자리로 긴급 SOS 전화가 왔다. "큰일 났어요. 컨퍼런스가 열리는 중에 어떤 분이 계속 소리 지르고 난리예요. 도와주세요!" 그 당시에 스타트업 지원 기관은 이제 막 생겨나기 시작한 상태여서, 우리 기관에는 사회 경험이 적은 젊은 직원들이 대부분이었다. 그래서 회사 내에서 내가 나이가 많은 편에 속했고 소위 말하는 공대 나온 엔지니어 출신은 나밖에 없었기에 회사 내 문제가 발생하면 내가 자처해서 돕곤 했다. 전화를 끊고 컨퍼런스 홀로 후다닥 내려갔다. 1층으로 내려가니 누군가의 큰 목소리가 컨퍼런스 홀 밖까지 들렸다. 무슨 상황인지 알지 못했지만 뭔가 크게 잘못된 상태라는 건 직감적으로 느껴졌다. 컨퍼런스 홀에 들어서니 홀 중앙에 60대로 보이는 남자가 여기저기 삿대질을 해대며 고래고래 소리를 지르고 있었다. 내용을 들어보니 '이런 짓들을 하며 세금을 낭비하고 있다.', '필요한 사람에게 도움을 줘야지!', '이 나쁜 놈들아!!' 하는 등 목청껏 소리치고 있었다. 컨퍼런스 내용과 관련 없는 불만처럼 들렸다. 갑작스러운 난리로 인해 컨퍼런스는 중단되었다. 모든 시선은 그 남자에게로 모였다. 모두 어처구니없는 황당한 상황에 놀라 멍하니 보고만 있었다.

내가 아니면 상황을 정리하기 어렵다고 판단했다. 그 사람에게 빠르게 다가갔다. 그리고 나는 가슴을 내밀며 그를 내 몸으로 밀어 컨퍼런스 홀 바깥으로 내몰았다. 그 사람의 몸을 손으로 잡거나 밀면 폭행했다고 할까 봐, 내 배와 가슴으로 그 사람을 마주 본 상태로 밀었다. 그는 갑작스러운 내 행동에 놀라 뒷걸음치면서 서서히 컨퍼런스 홀 바깥으로 밀려 나갔다. 이때 다른 몇몇 사람들이 합세해 주어, 그 사람을 컨퍼런스 홀 바깥으로 완전히 내몰 수 있었다. 그 사람이 나오자마자 바로 컨퍼런스 홀 문을 누가 시킨 것처럼 다수 사람이 힘 합쳐 닫았다. 나는 여세를 몰아 그 남자를 우리 빌딩 밖에까지 몰고 나갔다.

바깥으로 그 남자를 내몰다가 정신 차리고 보니, 그는 머리가 허연 할아버지였다. 나이는 처음 봤을 때보다 좀 더 들어 보여 65~70세 정도로 보였고 키는 160cm 정도로 작았다. 하지만 목소리는 젊은 장정 저리가라였다. 내 몸에 밀려서 나오는 내내, 그리고 건물 밖에 나와서도 고래고래 소리 질렀다. 바깥으로 밀려나 화가 더 치밀었는지, 내 와이셔츠를 움켜쥐면서 멱살을 잡았다. 그리고 나를 깃발 흔들 듯 마구 흔들어 댔다. 나는 이 상황이 왜 발생했는지 원인도 모르고 속수무책으로 당했다. 하지만 노인을 함부로 대할 순 없었다. 일단은 멱살을 내준 상태로 그렇게 참고 있었다.

그사이 다른 직원들이 50m 정도 떨어진 경찰에게로 뛰어갔다. 운 좋게
도 근처에 경찰이 순찰하고 있었다. 나중에 알게 된 이야기인데, 그 경찰도
누군가 소리 지르는 모습을 보고, 이쪽을 예의주시하고 있었다고 한다. 잠
시 후 직원들과 경찰이 성큼성큼 다가왔다. 그리고 나와 할아버지를 떼어
두고 '왜 그러는 거냐?', '싸우는 거냐?'라고 물었다. 우리 둘을 두고서, 둥
그렇게 십여 명 모인 상태였기에 누가 봐도 싸움 난 줄 착각할만했다. 경찰
에게 내가 자초지종을 설명하니, 경찰은 그 노인에게 나에게서 10m 정도
떨어지도록 지시했다. 그리곤 경찰이 나에게로 가까이 다가와 설명했다.

"제가 조금 전 선생님께서 멱살 잡혀 힘들어하는 모습을 직접 봤습니다.
공공기관의 행사를 고의로 방해한 상황이기에 동의하시면 저 사람을 지금
당장 경찰서 유치장에 가두고, 재판에 회부시킬 수 있어요. 그렇게 하시겠
어요?"

나는 순간적으로 판단했다. 이 사람이 이렇게까지 심하게 행동하는 데는
분명한 이유가 있겠다 싶어, 경찰서 유치장으로 보내지 않았으면 한다고
답했다. 그러자 경찰은 그 할아버지에게 다가가 이렇게 말했다.

"당신 운 좋은 줄 아세요. 지금 경찰서 유치장에 바로 갈 수밖에 없는 상

황이었고, 저분이 그렇게 하지 말아 달라고 해서 봐 드리는 거예요. 다시는 여기 와서 행패 부리지 마세요!"

그러자 그 사람은 여태까지 의기양양하게 난리 치던 모습과 달리 풀이 죽어서 고개를 숙이고 들지 못했다. 경찰은 사라졌고, 그 사람은 분을 삭이듯 씩씩대면서 그 자리를 떠나지 못했다.

잠깐 사이에 벌어진 이 광경은 나에게 있어 들도 보도 못한 상황이었다. 잠시 심호흡을 하고 그 사람에게 다가가서 왜 고래고래 소리를 지르고 난동을 부렸는지 자초지종을 물었다. 이런 일이 또 발생하면 안 된다는 생각에 무작정 부딪혀 봤다.

놀랍게도 그는 본인의 훌륭한 사업 아이템을 정부에서 도와주지 않아서 그랬다고 말했다. 다시 말해 자기에게 사업자금을 지원해 주지 않아서 난리를 쳤다 했다. 난리를 친다고 당신에게 정부에서 돈을 주면, 모든 사람이 당신처럼 난동을 부릴 텐데 말이 되냐고 되물었지만, 그는 억울하게 자신만 도와주지 않는다고 말했다. 전혀 예상치 못한 답변이었다. 나는 컨퍼런스와 연관된 불만이거나, 뭔가 논리 타당한 불만에 관해 이야기할 거로 생각했다. 하지만 자신에게 사업할 수 있는 돈을 지원해 주지 않는다는 막무가내의 답변에 황당하기 그지없었다.

막무가내 요구

"근처에 내 사무실이 있으니 갑시다."

다시금 정신을 차리고, 그에게 본인이 하고자 하는 비즈니스가 뭐냐고 물었다. 현재 사업을 하고 있는지 아니면 앞으로 하려고 하는지 물었다. 그는 젊었을 때부터 고민하고 진행했던 사업이 있는데, 중간에 잘되지 않았고 이제 당신이 있는 기관에서 날 도와주면 좋겠다고 했다. 물론 결론적으로 돈을 달라는 내용이었지만, 이렇게 심하게 난동을 부리는 데는 그래도 어느 정도 타당한 이유가 있지 않을까 하는 생각이 들었다. 정신이상자처럼 보이지 않았다.

이 사람 이야기를 듣다 보니, 본인 사무실이 있단다. 본인 사무실로 가면 좋겠다고 말했다. "근처에 내 사무실이 있으니 갑시다." 나는 그 자리에서 바로 택시를 타고 그와 함께 그 사람의 사무실로 향했다. 언급하는 위치를 보니, 30분 정도의 거리였다. 나도 흥분한 상태여서 막무가내로 출발했다. 택시 안에서 곰곰이 생각했다. "이대로 가서 이 남자의 사업 상황을 보고, 내가 돈을 줄 수 없는 적당한 핑계를 대지 못한다면 어쩌지…. 나한테 그리고 우리 기관에 지금보다 더 크게 난동을 부릴 텐데." 난동을 부린다고 해서 정부지원금을 줄 수는 없기에 그 할아버지의 사무실을 향하면서 머릿속이 복잡했다. 이 사람의 사무실로 향하기로 한 건, 흥분한 상태에서 결정한 엎질러진 물이었다. 이미 건널 수 없는 강을 건넜다.

어느덧 다 왔다 하여 택시에서 내려 그 사람의 사무실로 향했다. 도착한 곳의 모습에 입이 떡 벌어졌다. 철거촌을 방불케 하는 동네였다. 사무실이 있다는 5층짜리 건물은 금방이라도 허물어질 것 같았다. 밖에서 봤을 때 유리창은 1층부터 5층까지 대부분 깨져있었다. 건물 내부 불빛도 거의 없었다. 좌우로 칠팔십 미터 돼 보이는 꽤 큰 건물이었다. 건물 안으로 들어갔다. 건물 안에 사람은 거의 없다시피 했다. 건물 내부에서는 시궁창 냄새와 함께 이상한 향내가 섞여 나왔다. 여기에 사무실이 있다는 게 도저히 믿기지 않았다. 남자는 나를 건물 1층 중앙 쪽으로 데려갔다. 여기가 사무실이라고 손가락으로 가리켰다. 형광등 하나가 껌벅이며 밝히는 그곳엔 블록 장난감들로 만들어진 사람 얼굴, 배, 비행기 등 조잡한 모양의 다양한 물체들이 있었다. 파이프 형태의 블록을 연결해서 형상을 만들었는데, 예쁘지도 않을뿐더러 조잡해 보이는 구조물들을 조립식으로 만들어 놓았다. 어두컴컴한 공간에 이상한 냄새가 코를 찔렀고, 블록 장난감으로 만들어진 형상들은 재밌기보다는 음침하고 음산한 기운마저 들었다.

누추하기 그지없는 사무실이었지만 본인에게 도움이 될 거로 생각한 듯, 나한테 의자에 앉으라고 권했다. 여태 당당하던 그는 갑자기 하소연하는 투로 나에게 이야기를 꺼냈다. 자신은 이 건물 전체 화장실 청소와 건물 관리 일을 하며 한 달에 30만 원을 받고 있으며, 블록 장난감 사업으로 돈을 다시 벌고 싶다고 했다. 장난감들을 자세히 보니 과거에 실제 팔았던 장난감인 듯했다. 하지만 이삼십 년은 족히 넘어 누렇고 쭈글쭈글해진 블록 조립 설명서와 박스였다. 이 사람에게 정부지원금이 간다고 해서 실제 사업이 잘될 리 없어 보였다.

갑자기 허탈했다. 억울해하는 이 사람을 도울 방법을 찾아보자고 왔건만 말도 안 되는 사업 아이템 앞에 힘이 빠졌다. 갑자기 이 노인이 측은했다. 컨퍼런스에서 그 많은 사람 앞에서 소리를 지르며 난동을 부리고, 내 멱살을 잡고, 사무실에 가자고 제안한 게 고작 이런 사업거리를 위해서라고??

택시 타고 30분을 달려서 고작 이 상황을 보자고 내가 여기까지 왔던가.

연세가 있음에도 불구하고 너무나 당당한 그가 한편으론 참 대단하다고 생각되었다. 다른 사람이 별 볼 일 없어 보인다고 치부할지언정, 본인은 자기 사업에 대한 애착과 믿음이 있었다. 하지만 객관적인 시각으로 봤을 때, 정부 사업화 자금을 받을 수 없는 상황이었다. 논리적으로 그럴듯해 보여도 실제 사업을 하면 성공하기 쉽지 않은 게 비즈니스이건만, 얼핏 봐도 사업이 제대로 될 리 없어 보이는 이 남자의 상황을 어디서부터 어떻게 풀어가야 할까? 태어나서 처음으로 남에게 멱살을 잡혔던 나였지만, 불과 몇 시간 전의 황당하고 불쾌했던 생각은 잊혔다. 오히려 오만가지 생각에 잠겼다.

남자가 자신의 사무실이 있는 건물 속에서 나한테 계속해서 말을 걸었다. 나는 '네네.'하면서 듣는 둥 마는 둥 했다. 그러곤 어떻게 벗어났는지도 모르게 회사로 돌아왔다. 그날부터 쉽게 풀리지 않는 수학 문제를 풀 듯 고민의 연속이었다. 30만 원을 받고 건물 화장실 청소를 하다가 창업 지원 기관에 와서 고래고래 소리 지르는 할아버지. 이분이 이런 진상 같은 요구가 아닌 다른 방법으로 지원을 요청할 순 없었을까? 내가 속한 우리 기관에서 이런 분들을 도와줄 방법은 없나? 이런 사람들을 전문적으로 돕는 기관이 있지 않을까? 있다면 거기로부터 이 남자가 도움을 받을 수는 없을까? 민간 대기업에 다니다가, 스타트업을 지원하는 공공기관에서 이제 막 일하기 시작한 나는 속 시원한 해답을 찾지 못해 답답했다.

이 일을 겪은 지 어느덧 10여 년이 흘렀다. 할아버지가 고래고래 소리 지르고, 컨퍼런스 참관자들이 경악스러운 표정을 하고, 마치 정지 버튼이라도 누른 듯 모두가 입을 다물지 못하던 그 장면이 지금도 생생하다. 그 사건 이후 10년은 나 스스로 답을 찾는 과정이었다. 어려운 환경에 있는 분들을 돕는 국내 기관들을 찾아보았다. 해외에도 이런 지원 기관이 있는지도 확인했다. 실제 어떤 도움을 주고 있는지, 그 도움이 실효성 있는지도 여러모로 알아봤다. 또한 내가 속한 기관이 스타트업을 돕는 기관이기에 스타트업을 돕는 방법론, 해외 사례 등도 찾아보고 비교했다. 이 과정에서 정답을 찾았다.

민원을 해결하려면 민원인의 관점에서 고민해야 한다. 또한 문제를 해결해 보려는 의지로써 실제 해결할 수 있다. 물론 막무가내, 마치 정신병자처럼 다가오는 민원인은 차원이 다르다. 또한 최근 기사화가 되는 고위공직자의 갑질도 예외다.

　　이 책은 민원인의 관점과 우리가 일을 대하는 자세에 대해 다시 생각해 보고, 서로 이해하고 돕고 가치 있게 사회를 끌어 나가고자 하는 마음에서 집필했다. 내가 최고고 내가 모든 세상의 중심으로 사는 삶도 나쁘지 않다. 그렇지만 타인과 더불어 산다는 생각도 필수적이다.

쏟아내는 비난과 조롱

"이따위로 지원하니 돈이 줄줄 새지."

나는 대기업에서 19년 근무한 이후부터는 자유로운 영혼이었다. 내가 가치 있게 생각되고 남에게 도움이 된다면 과감하게 일을 바꿨다. 덕분에 나는 다양한 경험을 했다. 대기업 연구원, 제조업 사장, 교수, 액셀러레이터 회사 대표, 투자사 부문 대표, 공공기관 근무 등. 새로운 경험은 난관도 많았지만, 그만큼 보람도 컸다.

다양한 경험을 하는 동안 새로운 일은 일상이었다. 새로운 일을 하다 보면 깜짝깜짝 놀랄 때가 많았다. 그중 하나가 페이스북 댓글이다. 내가 페이스북에 올리는 게시물은 스타트업 관련 행사나 개인적인 소회 등이었다. 친구의 권고로 시작한 페이스북은 안 해본 사람은 그 중요도를 잘 모를 수도 있다. 나는 대중에게 스타트업 관련 행사를 알리는 용도로 사용하면 효과적일 것 같아 페이스북을 시작했다.

그러던 어느 날 깜짝 놀랄 일을 경험했다. 당황스러운 페이스북 댓글 관련 이야기다. 대기업이 과제를 내고 스타트업이 문제를 해결하는 스타트업 지원사업은 내가 2020년부터 운영해 오던 사업이다. 대기업과 스타트업을 협력하게 만드는 오픈이노베이션 사업이기에 나름 의미도 있고 성과도 좋았다. 나는 항상 뿌듯하게 이 사업을 운영했다. 사업에 참여하고 싶어 지원하는 스타트업도 많았고 스타트업과 대기업 모두 만족도가 높아서 즐겁게 진행하는 사업이었다. 그래서, 페이스북에 이 사업을 홍보하는 게시물을 올리기로 마음먹었다. 이 사업을 더 잘 알려서 많은 스타트업이 지원하게 만들고 싶어서였다. 사업 홍보용 포스터와 함께 페이스북에 글을 올렸다. 나는 일반적인 글보다 좀 더 자극적으로 게시물을 올리기 위해, 글 맨 앞에 '대기업 9개사에서 낸 과제에 선정되면 1억 원을 드립니다!!' 라고 진한 글씨로 표현했다. 그리고 이 게시물에 사업에 대한 자세한 안내와 사업에 참여하는 대기업 이름을 나열했다. 내심 뿌듯했다. 참여한 기업들이 유명 대기업이었기 때문에 더욱 그랬다. 나는 매번 그러했듯이 당연히 '지원해 보겠다.', '정보 감사하다.', '응원한다.' 등등의 보편적인 댓글이 올라올 줄 알았다. 페이스북에 논쟁거리 글은 잘 올리지 않기에 이번에도 평범한 댓글이 달릴 것으로 생각했다. 아니 댓글에 대해 나는 거의 무관심에 가깝게 여기고 있던 시절이었다.

그런데 몇 시간 지난 후에 깜짝 놀랄 댓글이 달렸다.

"정부에서 돈을 이렇게 퍼주기식으로 사업을 하니 나라가 이 모양이다. 1억 원이 누구 집 애 이름인가? 이따위로 지원하니 돈이 줄줄 새지…."

어느 이름 모를 이의 댓글에 난 심장이 덜컥했다. '아. 이 사업을 이렇게도 바라볼 수 있구나. 자극적으로 쓴 글을 그만큼 안 좋은 방향으로 여기는 사람도 존재하는구나!' 나는 갑자기 얼굴이 달아오르고 그 댓글을 단 사람에게 미안한 마음이 들었다. 그분이 망해가는 자영업을 하는 분인지, 스타트업 중에서 정부 지원사업에 불만을 품고 있는 분인지 알 수는 없었다.

바로 페이스북 글을 수정했다. 사업에 대한 의미를 강조하고 1억 원 돈 표현을 지웠다. 또한 그날 이후로 나는 SNS에 자극적으로 글을 쓰지 않는다. 좋은 의도도 왜곡될 수 있으며, 왜곡이 아니어도 반대급부의 사람들을 자극할 수 있음을 깨달았다. 예를 들어 대기업과 거래가 불가능한 아이템으로 사업하는 사람들에게는 꿈같은 이야기일 수도 있겠다는 생각도 들었다.

돌이켜보면, 나는 대기업에서 근무한 경험이 있었기에 대기업의 생리를 잘 안다. 그래서 대기업과 스타트업의 연계에 자신이 있었다. 우리 기관에서 내가 맡은 대기업 연계 사업은 순조롭게 잘 진행되었고, 모든 게 평화로웠다. 그래서 페이스북에 들뜬 마음으로 자극적인 글을 아무 거리낌 없이 썼던 것 같다.

이 사건을 계기로 모든 게 순조롭고 평화로울 때가 오히려 경계해야 할 때라고 통감했다. 그러면 왜 이런 상황일 때 오히려 긴장해야 할까?

첫째, 과도한 호평과 순조로움으로 인해 모든 게 순조로운 양 현실을 왜곡하여 해석할 수 있다. 이는 오히려 지속 발전의 기회를 놓치는 결과로 이어질 수 있다. 따라서 모든 게 잘되고 있다고 여겨질 때 오히려 겸손한 마음을 가져야 한다.

둘째, 주변에서 좋은 말만 들릴 때는 반대로 비판이나 건설적 피드백의 부재인 상태로 보면 된다. 이는 주변인들이 솔직한 소통을 꺼리는 징후일 수도 있다. 누구도 나한테 싫은 소리를 하지 않을 때를 오히려 경계해야 한다. 이때는 더욱 적극적으로 타인의 의견을 구하고 겸손한 자세를 유지해야 한다. 모든 현상에는 양면성이 존재한다. 지속적인 순항은 오히려 큰 시련의 전조이며, 성공에 대한 과신은 큰 위험을 초래할 수 있다.

내가 페이스북을 시작하지 않았다면, 또한 자극적인 글로 스타트업에게 사업을 알리려 하지 않았다면 당황스러운 댓글은 구경해 보지 못했을 것이다. 하지만 그런 경험이 내 생각과 태도를 돌아보게 되었고 깊이 성찰할 수 있는 시간을 주었다.

고객과의 소통을 통해 마주친 난관과 고민의 상황이야말로 기존의 생각을 뒤집을 수 있는 혁신의 기회다. 창의적 사고와 문제 해결 능력을 발휘할 기회로 뛰어들자. 어제의 성공은 과감히 잊어라. 겸손으로 무장한 도전을 추구하라.

지금 직장과 하는 일에서 너무 평화로운가? 그러면 반대로 긴장하라. 그리고 당신의 고객, 동료, 상사와 새로운 소통을 시도해 보라. 새로운 소통의 시도는 당신에게 기존과 다른 인사이트를 안겨줄 것이다.

"제가 바로 그 유명한 진상 민원인입니다."

정부 지원사업 대부분은 선발 과정을 거쳐 지원 대상자가 정해진다. 따라서 어떤 이는 지원 받고 어떤 사람은 지원을 못 받는다. 따라서 선정되지 못한 사람의 민원이 항상 잠재되어 있다. 특히 동일한 정부 지원사업에서 여러 번 지원하고도 매번 탈락한 경우, 그 불만이 고조되어 심하게 화를 내거나 항의하는 경우가 있다.

소재·부품·장비 분야의 스타트업을 지원하는 사업을 운영했을 때의 일이다. 선정될 경우, 본인 사업에 도움이 되도록 사업에 사용할 수 있는 사업화자금 2억 원을 지원하는 사업이었다. 지원금 규모가 크다 보니 매년 평균 500개사 이상이 지원했다. 하지만 선정하는 스타트업 숫자는 일 년에 전국에서 총 40개사에 불과했다. 따라서 선정평가를 끝내고, 선정 및 탈락 여부를 안내하고 나면, 미선정 기업이 메일이나 전화로 탈락 사유를 알려달라고 연락해 오기 일쑤였다. 보통 수십 명이 넘는 사람이 연락해 왔다. 경쟁이 치열해서 당신보다 사업 계획이 조금 더 치밀하거나 논리적으로 앞선 사람이 간발의 차로 선정된 상황으로 이해해 달라고 설명하면 대부분 수긍했다. 하지만 매년 한 번만 시행하는 이 사업에서 번번이 떨어진 사람의 경우 그 분노가 상상 이상이다.

한번은 이 사업에서 탈락한 사람이 전화를 걸어와 탈락한 이유를 모르겠다면서 강하게 불만 제기를 해왔다. 해당 사업을 담당하는 팀원이 전화를 받았다. 화가 잔뜩 나서 소리 지르듯 항의했기에 담당 팀원이 어쩔 줄 모르며 당황했다. 계속해서 당황해하는 팀원의 모습을 보며, 뭔가 심상치 않게 여겨져 빠르게 다가가 전화기를 넘겨받았다.

전화를 귀에 대자 큰 소리에 깜짝 놀랐다. 나는 흥분하지 마시고 천천히 차근차근 말씀해 달라고 했다. 그는 톤을 낮춰 설명하기 시작했다. 자신은 이 사업에 지원해서 이번까지 세 번 떨어졌다고 했다. 아울러 그는 장비·소재 분야 전문가로서 도저히 탈락한 사유를 모르겠다고 했다. 또한 누가 심사위원인지 막무가내로 알려달라고 했고, 정부 지원사업의 심사위원을 믿지 못하겠다고도 했다. 약 30분간 다양한 내용으로 속사포처럼 문제를 제기해 댔다.

　나는 일단 이 사람의 이야기를 계속 잘 들었다. 퇴근 시간인 6시를 지나 저녁 7시가 가까워졌건만 일단 계속 집중해서 들었다. 매번 떨어져서 억울하시겠다고 공감도 해주었다. 이 사람이 문제 삼는 내용을 어느 정도 파악한 이후 나는 내가 여기 사업 책임자인데, 제출하신 사업계획서와 심사위원 평을 직접 확인하겠다고 응대했다. 그랬더니 누그러진 말투로 감사하다고 했다. 그런데 갑자기 '제가 바로 그 유명한 진상 민원인입니다.'라는 말을 했다. 이게 무슨 소리인가?? 깜짝 놀랐다. 그는 타 기관 다른 사업에서 탈락해 강하게 이의제기하여, 그 기관을 거의 박살?냈다고 무용담처럼 이야기했다. 나는 속으로 '와~. 큰일 났다. 내가 엄청난 진상 아저씨에게 제대로 걸렸구나.'라고 생각했다. 그때부터 전화기 속에서 들리는 그의 목소리가 마치 악마의 목소리처럼 느껴졌다. 다시 정신을 차리고 이야기를 나눠보니 이 사람이 다짜고짜 나를 찾아오겠단다. 본인이 유명한 진상 민원인이라고 밝히고는 나를 찾아온단다. 흐흐흐. 갑자기 소름이 돋았다. 아찔했다. 나는 이 사업 총괄 책임자다. 나 말고는 딱히 이 사람을 상대할 사람이 우리 기관에 없다. 찾아오겠다는 이 상황이 마치 이순신 장군이 왜군을 대하듯 비장하게 여겨졌고 숙명처럼 여겨졌다. 어디서 오시냐고 물었더니, 기차를 타고 지방에서 올라온단다. '멀리서 오는 만큼 그만큼 독기를 더 품지 않을까?'라고 생각이 들었다.

  아 큰일이다! 그날 퇴근하는 내내 마음이 무거웠고, 잠을 청해도 잠이 잘
오지 않았다. 유명한 그 진상 민원인이 우리 기관에 와서 소리 지르고 물건
을 집어 던지고 책임자 나오라고 목청 높이는 장면을 상상하니 가슴이 답
답하고 헛구역질까지 났다. 이를 어찌 대처해야 하는가??

  다음날 나는 이 사람이 제출한 사업계획서와 심사위원의 심사평을 두근
거리는 마음으로 찾아보았다. 보통 심사위원은 5명이나 7명 등 홀수로 참
여토록 한다. 홀수로 해야 의견이 갈려서 결과 도출이 쉽게 되기 때문이다.
심사를 진행하다 보면, 심사위원들이 해당 기업을 바라보는 눈이 일치할
때도 있지만 그렇지 않은 경우도 비일비재하다. 어떤 사람은 좋게 바라본
스타트업이 어떤 심사위원은 낮게 점수를 주는 경우가 존재한다. 또한 심
사위원들에게 심사하면서 심사평을 기재하도록 하는 경우가 대부분인데,
심사평을 생각보다 간단히 쓰거나 편협하게 기록하는 때도 종종 있다. 이
때문에 심사평을 그대로 민원인에게 알려주는 경우 오히려 더 큰 민원으로
번지는 경우가 많다. 심사위원의 측면에서 많은 서류를 검토하다 보면 가
끔은 심사평을 부실하게 적거나 입체적으로 기재하지 못하는 경우가 있을

수 있다. 나도 심사 경험이 많다. 사람이 하는 일이라 어쩔 수 없다.

민원성 전화가 온 경우, 나는 심사위원들의 심사평을 하나하나 자세히 확인한다. 심사위원들이 공통으로 언급하는 포인트를 도출해 내며, 사업계획서상에 어떤 부분을 보고 그렇게 언급했는지도 찾아내야 한다. 이 민원인의 사업계획서도 꼼꼼히 확인했다. 심사평과 사업계획서를 계속 비교해 보며, 심사위원별로 어떤 부분이 부족하다고 여겨 탈락시켰는지 연상해 봤다. 또한 이 사람의 사업계획서에서 빈약한 부분과 보유하고 있다는 기술의 수준도 나 나름대로 유추해 보며 다 각도로 사업계획서를 검토했다. 자세히 살펴보았기에, 이 사람의 사업계획서에서 보강이 필요한 부분을 찾아낼 수 있었다.

어느덧 그 사람이 우리 기관에 오는 날이 되었다.

목소리에서 나이가 좀 있는 분 같다는 생각이 들었었는데, 역시나 연세가 65세는 돼 보이는 분이었다. 본인 스스로 유명한 진상 민원인이라고 했기에 나는 정말 긴장되었다. 어르신이기에 말도 편하게 할 수 없었다. 얼굴을 보고 인사하자마자 식은땀이 흘렀다. 하지만 나는 이미 사업계획서를 정밀하게 분석해 보지 않았는가. 두려움을 떨치고, 일단 자신감 있는 태도와 말투로 응대했다. 물론 이야기 나누다가 갑자기 불호령이 떨어지거나 삿대질할 수도 있다고 여기면서 상황을 살피며 대화를 이어 나갔다. 나는 차근차근 심사위원들의 심사평을 너무 직설적이지 않게 부드럽게 전했다. 이야기하면서 그분이 해당 아이템으로 사업계획을 수립한 이유도 물어보고 사업계획서에 보완해야 할 포인트 등 다양한 관점으로 이야기를 풀어갔다. 어느덧 이분도 어색한 경계심을 풀고 나를 편히 대하기 시작했다. 처음의 경직된 목소리가 언젠가부터 나긋나긋한 목소리로 바뀌었다.

아울러 자신이 특정 기관을 발칵 뒤집어 놓은 스토리를 마치 무용담처럼 미팅 중간에 상세하게 언급했다. 그 기관 사업에서 선정이 안 되어 화를 내며 전화하게 되었는데, 응대하던 사람이 무뚝뚝하게 전화를 끊어서 다시 전화를 걸어 재차 항의했다고 했다. 이 과정에서 '심사위원을 알려달라.', '심사평을 알려달라.'라고 강하게 불만 제기하여 일부 심사평을 있는 그대로 알 수 있었다고 했다. 하지만 도저히 수용하기 불가한 말도 안 되는 심사평을 들었다고 했다. 심사평을 알고 나니 오히려 더 화가 나서 국민신문고에 신고했단다. 그러고는 해당 기관에 찾아가서 고래고래 소리 지르고, 기관장을 만나 강하게 항의했다고 했다. 맘에 들지 않았던 심사평을 했던 심사위원이 누군지 알려 달라고 했고, 심사위원 선정 시 심사 역량도 없는 사람을 심사시킨 게 누구인지 밝히라고도 했단다. 거의 몇 주간 그 기관에 방문해 해당 기관 업무가 마비될 정도로 심사에 관련된 거의 모든 것에 대해 항의하고 소동을 벌였다고 했다. 이야기를 듣는 내내 간담이 서늘했다. 마치 나에게 벌어진 일 같았다. 더불어 이 사람에게 당한 그 기관 사람들을 생각하니 마음이 아팠다. 측은하게 여겨졌다.

그런데 놀라운 일이 벌어졌다. 이분이 나하고 이야기 나누고 나니 좋았다고 하시면서, 내가 상세하게 자신과 이야기 나눠줘서 감사하다고 했다. 약 한 시간의 만남 동안 나름대로 최선을 다해 응대했다. 물론 내가 봤을 때 내년에도 이 사람이 소재·부품·장비 지원 사업에 다시 응시해도 붙지 않을 확률이 높아 보였다. 40개사를 뽑는데 평균 500개사가 지원하는 이 사업에는 쟁쟁한 스타트업 다수가 지원하기 때문이다. 그런 상황도 부드럽게 언급했다. 그리고 사업계획서를 이렇게 저렇게 바꿔보라고도 했다. 이 사람이 선정될 확률이 있어 보이는 다른 사업 몇 가지도 소개해 드렸다.

이야기 나누다 놀라운 사실을 알았다. 이 사람은 본인이 이런 식으로 찾아와 심사 결과가 마음에 들지 않는다고 이의제기해도 미선정 결과를 쉽게 뒤집을 수 없음을 이미 알고 있다고 했다.

그러면 이 사람은 왜 나를 찾아온 걸까? 아마도 분풀이해서 우리 기관을 뒤집어 놓을 생각 반, 그리고 혹시나 도움이 되는 이야기를 들을 수 있지 않을까 하는 기대 반에서 찾아온 것 같았다. 헤어지면서 그분은 연신 웃으셨고 감사하다고 했다. 유명한 진상 민원인이라고 했던 사람이 헤어지면서는 깍듯이 나에게 머리 숙여 인사해 주셨다. 물론 나도 더 머리를 숙였다.

유명한 진상 민원인이라고 본인 스스로 언급했던 분, 자신을 떨어뜨려 분개해서 해당 기관 업무를 마비시킬 정도로 강하게 민원을 제기한 분과의 만남이었다. 결과적으로 웃으며 감사하다는 말을 듣고 헤어졌다.

나는 이 진상 민원인에게 총 네 가지를 했다.

첫 번째는 민원인의 사업계획서와 심사평을 시간 내서 분석해 보았다. 두 번째로는 그 사람이 방문했을 때 그분의 말을 끊지 않고 최대한 귀 기울여 경청했다. 세 번째로는 그 사람과 이야기를 나누면서 그 사람에게 도움될 만한 정보를 가능한 한 많이 알려드리려 노력했다. 마지막으로는 이후에 사업 진행 시 어려움이 있으면 나중에라도 연락하시라는 말도 잊지 않았다. 유명한 진상 민원인을 대하는 방법의 정답이 무엇인지 몰랐다. 또한 민원인의 입맛에 맞게 대응할 수 있을지 없을지 그 자체도 불확실한 상황이었다. 하지만 나는 민원인을 막연히 달래려 하거나 적당히 대하지 않았다. 또한 민원인의 눈치를 보며 떨어진 사유의 정당성을 알리는 내 주장만 내세워 수습하려 하지 않았다. 민원인이 일부러 시간 내서 찾아온 상황이기에 내 시간도 중요하지만, 민원인의 시간도 소중하다고 여기고, 나와의 만남이 민원인에게 조금이라도 도움이 되도록 노력하면서 경청했다.

여러분도 고객과 진정한 소통을 하려면 어떤 부분에 신경 써야 할지 생각해 보라. 내가 맞이하는 고객의 유형을 떠올려 보고 각각 그들이 무엇을 필요로 하는지 깊이 생각해 보라. 이 책을 통해 관련 생각을 정리하고 고객과의 진정한 소통에 한 걸음 다가가는 시간이 되면 좋겠다.

안타까운 토로

"저를 아무도 도와주지 않아요!"

나는 스타트업의 성장을 지원하는 사업을 여러 가지 추진하고 있다. 나름대로 사명감도 있고 더 잘 지원하기 위해 많이 고민하며 지낸다. 그날도 그렇게 숙고한 내용에 대해 페이스북에 글을 올렸다. 올린 글을 요약해 보면 진정성 있게 스타트업을 돕고 싶다는 내용의 글이었다. 그런데 몇 시간 뒤 당황스러운 댓글을 발견했다.

페이스북 및 현실에서 한 번도 소통이 없었던 어떤 사람이 아래와 같은 내용의 댓글을 달았다. "저를 아무도 도와주지 않아요! 저는 인공지능 관련 다양한 연구를 진행했고, 반드시 성공할 수 있는 사업모델로 특허도 보유하고 있습니다. 또한 다양한 자문을 통해 완성한 비즈니스 모델이기에 저 같은 사람이 이렇게 힘들게 지내야 하는지 도무지 이해가 가지 않습니다.

당신이 진정성 있게 스타트업을 돕고 있다고 한 글이 매우 감명 깊습니다. 저를 도와주세요!"

생면부지 사람의 댓글이었다. 나는 페북 친구가 5천 명에 육박하기에 많은 사람이 이 댓글을 본다고 생각하니, 적잖이 당황했다. 또한 이런 댓글을 어떻게 처리하면 좋을지 경험해 보지 않아 더욱더 난감했다. 댓글 내용으로 보면 무조건 요구만 하는 '진상 민원인'인지 아니면 '나름 괜찮은 사업모델로 도전하는 스타트업을 준비하는 분'인지 알 수 없었다. 하지만 이런 식으로 댓글로 도와달라고 요구하는 걸 보면 평범한 사람은 아닐 것 같았다. 이 댓글에 내가 어설프게 응대하는 순간, 이 사람이 막무가내 댓글을 또 달기 시작하고 그러면 걷잡을 수 없는 상황이 될 수도 있겠다는 불길한 생각이 들었다. 본적도 없는 사람의 공격적인 댓글에 대해 어떻게 해야 할지 한숨만 나왔다.

고심 끝에, 그 사람의 댓글에 대댓글을 달았다. 댓글을 남겨주셔서 감사하고 내 이메일 주소를 알려드릴 테니 메일로 하시고 싶은 말씀을 보내달라고 했다. 한 시간 정도 지나서 메일이 왔다. 메일에는 본인이 생각하고 있는 비즈니스에 대한 사업계획서, 이론적인 근거 논문, 본인이 출원한 특허 몇 개가 첨부되어 있었다. 자세히 내용을 읽어보았다. 플랫폼 관련 비즈니스였다. 읽으면서 혹시 이 내용을 내가 인지한 것만으로도 나를 공격할 수 있겠다는 생각도 들었다. 이 사람의 성격이나 배경 등을 전혀 모르기에 막연한 두려움과 함께 내용을 파악했다. 나도 특허를 20건 넘게 갖고 있지만 특허가 있다고 해서 모두 사업으로 만들 수는 없다. 특허가 모두 사업거리가 될 수 없음에도 불구하고, 이 사람이 나한테 공유한 본인의 특허에 대해, 내가 확인하고도 도움을 제대로 주지 않았다고 갑자기 민원 제기를 할 수도 있겠다는 생각도 들었다. 모든 특허가 어마어마한 가치가 있다고 여기는 사람이 의외로 많기 때문이다.

그 사람이 댓글로 성공 가능성이 높은 비즈니스 모델을 갖고 있다고 했지만, 자세히 읽어본 내 판단으로는 비즈니스로 만들기에는 수익화가 쉽지 않아 보였다. 이런 상황이 오히려 더욱 불길했다. 하지만 당신의 특허와 비즈니스 모델이 사업에는 부적합한 아이디어라고 뚝 잘라 말하면서, 이대로 이 사람과 소통을 중단할 경우, SNS에 또 다른 공격적 댓글을 달거나 어떤 식으로든 민원을 제기할 수 있겠다 싶었다. 나는 우리 사무실 주소와 미팅할 수 있는 시간 몇 개를 메일로 알려드렸다. 일정이 맞으시면 찾아오시고 일정이 맞지 않으면 다시 날짜를 맞춰보자고 제안했다. 그랬더니 내가 보낸 일정 중 가장 빠른 일정으로 찾아오겠다고 바로 회신 메일이 왔다. 헉하고 숨이 막히면서 가슴이 쿵쾅거렸다.

　드디어 그 사람이 찾아왔다. 다행히도 외모는 평범해 보였고 나랑 비슷한 불혹의 나이 정도로 보였다. 남자에게 찾아오시는데 어렵지 않았냐는 통상적인 인사 후, 비즈니스에 대한 설명을 추가로 해달라고 해서 설명과 질문을 주고받으며 그 사람이 원하는 비즈니스에 관해 이야기 나눴다. 나는 다양한 창업자들을 지원하기 위해 우리 기관이 하는 사업 외에도 타 기관 등의 다양한 지원사업을 알고 있었다. 또한 꾸준히 많은 창업자와 소통하고 있었기에 창업 관련 지식이 나름 풍부하다. 그래서, 이 남자에게 도움될 수 있는 이야기를 칠판에 적어 가며 한 시간가량 이야기를 나눴다. 물론 대화 나누는 초반에는 매우 긴장했기에 가슴이 쿵쾅거렸다. 이 사람이 어떤 사람인지 전혀 모르기에, 갑자기 말도 안 되는 이상한 요구를 하거나 욕설하는 등 내가 한 말에 어떤 반응을 보일지 알 수 없었기 때문이다. 하지만 처음 보는 이 사람을 위해 열심히 설명했다. 비즈니스화에 어려움이 있을 것으로 보였지만 이 남자의 모든 생각을 다 알 순 없기에 긍정적인 면위주로 말씀드렸다.

어느 순간부터 이 사람이 나한테 감사하다는 말을 연신 했다. 진심으로 이 사람의 편에서 접근하면 좋을 방향을 정성스럽게 설명했다. 그랬더니 갑자기 웃으면서 나에게 한마디 했다. "지금까지 이렇게 길고 상세하게 내 이야기를 들어준 사람이 없었습니다. 해주신 이야기에 대해서 잘 참고하여 임해보겠습니다. 감사합니다." 헤어질 때, 이 사람은 나에게 거의 90도로 고개를 숙이셨다. 길다면 길고 짧다면 짧은 한 시간이었지만, 헤어질 때 기분 좋게 가는 모습을 보니 다행이라는 생각과 함께 휴~우 한숨이 쉬어졌다.

이 일로 '경청의 힘'에 대해 제대로 체감할 수 있었다. 이 사람과 이야기 나누면서 몇 번이나 그 남자의 말을 끊고 내가 말하고 싶은 이야기를 하고 싶었다. 내 생각에 말도 안 되는 논리가 중간중간 섞여 있었기 때문이다. 하지만 나는 꾹 참고 이 사람의 말이 끝날 때까지 기다렸다. 충분히 이야기할 시간을 주고 더 이상 말할 게 없어서 이야기를 멈출 때까지 기다렸다. 그리고 내 이야기를 했다. 다시 이 사람이 말하기 시작하면 나는 입을 닫고 그 사람이 말을 충분히 할 수 있도록 배려했다. 처음 보는 사람이 내 앞에서 신나서 그리고 자기 확신에 차서 이야기하는 내용을 최대한 경청했다. 머리도 끄덕이고 이 사람이 한 말에 맞장구도 쳐주면서 공감했다. 이 사람과 이야기 나누면서 속으로는 아이디어가 돈을 벌기에 부족한 점이 많아서, 내가 언급한 정보나 해결책이 크게 도움 안 될 수도 있겠다는 생각도 들었다. 하지만 경청하며 그리고 공감하며 같이 사업에 대해 논의하고 내 일처럼 걱정했다. 하다 보니 어느 순간부터 이 사람이 나한테 마음을 열고 편하게 이야기를 나누고 있다는 게 느껴졌다. 이 사람도 처음엔 분명 나를 경계하는 눈빛이었다. 아마도 다른 누군가에게 도움을 청했을 때, 듣는 척만 했다던가 본인을 무시하는 경험이 있었던 것 같다.

처음 본 사람과 그 사람의 성공 확신이 넘쳐나는 비즈니스 아이디어에 대해 허심탄회하게 이야기 나누려면 어떻게 하면 좋을까? 생각만으로는 답이 쉽게 떠오르지 않는다. 나는 그 방법을 잘 알지 못했지만 오로지 상대방의 관점에서 이야기를 잘 들었다. 공감하면서 내가 알고 있는 지식과 경험을 총동원해서 최대한 도움을 주겠다는 마음가짐으로 대화했다. 아마도 그는 처음부터 내가 완벽한 답을 줄 수 없다는 걸 이미 알고 있었을 것 같았다. 왜냐하면 이야기를 나눠보니 이 사람은 그렇게 아둔한 사람도 아니었고 꽉 막힌 사람 같지도 않았기 때문이다. 그 사람도 자신의 비즈니스 모델 자체에 빈틈이 많고, 돈을 벌기에 부족한 부분이 많음을 알고 있다는 눈치였다. 그래도 지푸라기라도 잡는 심정으로 댓글을 달고 찾아왔다고 보였다. 댓글을 달면 자신이 노출되는 줄 뻔히 알면서, 얼마나 일이 안 풀리면

한 번도 본 적 없는 나에게 도와달라고 댓글을 달았을까?

고객을 대할 때 진심으로 그 사람의 처지에서 생각하라. 쉽지 않지만 그러면 그럴수록 상대방은 감사해할 확률이 높다. 물론, 그렇게 해도 공감대가 형성되지 않고 상대방이 만족하지 못하는 경우도 있을 수 있겠다. 중요한 부분이 있다. 내가 할 수 있는 선에서 최선을 다한다면 상대방도 그걸 알아볼 확률이 높고, 그러면 그 자체로 된 것 아닐까?

고객 만족도를 높이기 위해 노력했는데도 실패했다면, 조금 더 경청하고 연구하고 공부하고 지식을 넓혀 다음에는 만족시켜 보겠다는 자세로 임하라. 이렇게 한다면 언젠가는 고객이 환하게 웃는 순간을 맞이할 수 있다.

혹시 기존보다 민원을 줄여보겠다고 이 책을 읽고 있는가? 민원 중에는 고객의 말을 우리가 제대로 듣지 않거나 무시해서 생기는 사례가 많다. 혹시 오늘 처음 접한 고객 불만이지만, 사실은 기존에 몇 번이나 고객들이 말했던 게 아닐까? 혹시 이제서야 인지하게 된 건 아닐까?

경청의 자세로 고객을 대하라. 평상시 본인이 말하고 듣는 태도에 대해 떠올려 보라. 기존보다 더 듣고 또한 충분히 듣고 내가 하고 싶은 말을 해

라. 고객의 말을 끊지 말라. 고객 스스로 말을 마칠 때까지 말하고 싶은 욕구를 눌러라. 듣는 척하지 말고 진짜로 경청해 보라. 이 책을 통해 고객을 대하는 경청의 자세와 마음가짐에 대해 성찰해 보는 시간이 되면 좋겠다.

나도 누군가에겐 민원인이다

현대사회는 서비스의 시대다. 과거와 달리 우리는 일상생활의 거의 모든 영역에서 다양한 서비스를 접하며 산다. 세탁물을 맡기고, 음식을 배달시키며, 택배를 보내고 받는 것이 일상이 되었다. 서비스가 삶의 필수 요소가 되면서, 우리는 자연스럽게 '민원인'이 되기도 하고, 때로는 '민원 응대자'가 되기도 한다.

얼마 전, 나는 늦은 저녁에 배달 음식을 주문했다. 하지만 갑자기 쏟아진 비로 배달이 원래 시간보다 40분 지연되었다. 음식이 다 식었다. 나는 마음이 불편했다. 배달앱 고객센터에 지연된 상황에 대해 항의하려고 전화기를 들었다. 그러다 문득, 작년 가을 나에게 다짜고짜 막무가내로 항의하는 전화를 받았던 때가 기억났다. 나는 최대한 차분하고 친절히 응대하려 했건만 무차별적으로 쏟아내는 항의와 소리 지름에 기가 팍 눌렸다. 우리가 전화를 안 받아서 불편했다는 내용이었으며, 실제로 나는 그날 회의가 많아서 어찌하다 보니 계속해서 동일 전화번호를 받지 못했던 상황이었다. 그때 나는 죄송하다는 말밖에 할 수 있는 게 없었다. 귀가 따가울 정도로 소리 지르던 고객의 항의가 지금도 생생하다. 그 당시 나는 최선을 다해 전화 응대했지만, 전화를 안 받은 게 사실이기에 어떤 항변도 할 수 없었다. 갑작스러운 비 때문에 음식 배달이 늦어진 상황도 상담원이 죄송하다고 하기엔 어쩔 수 없는 상황 아닌가? 나는 휴대폰을 내려놓았다.

서비스를 제공하는 사람도 제공받는 사람도, 우리는 모두 동일한 사람이다. 민원을 제기할 때는 상대방도 나와 같은 인간이며, 나름대로 최선을 다하고 있을 거라고 여길 필요가 있다. 동시에 민원을 응대할 때는 불편을 겪은 고객의 입장에서 생각하고, 진심 어린 대응을 해야 한다.

결국 중요한 건 '균형 잡힌 시각'이다. 서비스에 대한 정당한 불만과 개선 요구는 고객의 권리다. 회사는 그 세부 내용을 파악하여 개선해야 한다. 하지만 그 과정에서 상대방의 상황을 이해하고, 존중하는 태도를 잃어서는 안 된다. 마찬가지로 민원을 응대할 때도 고객의 불편함을 진지하게 받아들이고, 해결 방안을 찾으려는 노력이 필요하다.

우리는 모두 서비스를 제공하는 사람이면서 동시에 서비스를 이용하는 사람이다. 이 단순한 사실을 기억한다면, 더 나은 사회 문화를 만들어 갈 수 있다. '나도 누군가에겐 민원인이었다.'라는 말은, 결국 우리가 모두 서로를 이해하고 배려해야 한다는 의미를 담고 있다.

앞으로도 우리는 계속해서 다양한 서비스를 이용하고, 때로는 불만을 제기하게 될 거다.

하지만 그 과정에서 상호 존중과 이해를 바탕으로 한 소통이 이루어진다면, 더 성숙한 서비스 문화가 자리 잡을 수 있겠다. 서비스를 제공받는 고객이라고 해서 서비스 응대자를 함부로 대하는 건 까마득한 옛이야기가 되면 좋겠다.

서비스 제공자에게 과도한 말로 스트레스 푸는 야만적 행위는 반드시 지양해야 한다.

민원 제로 비밀 노트

저도 처음 강력한 민원을 겪었을 때 충격을 받았습니다. 하지만 이제는 고객 응대를 어떻게 하면 좋을지, 이 분야의 전문가가 되었습니다. 고객과의 진심 어린 소통에 노력한다면, 여러분도 할 수 있습니다.

❶ 갑작스러운 난동과 막무가내 요구라 할지라도 기본 원칙을 지키며 응대한다.

❷ SNS를 통한 비난과 조롱 댓글도, 무시하거나 함부로 대하지 말고 정중하게 응대하라.

❸ 소위 말하는 '진상 민원'도 진심 어린 마음으로 소통하고 노력하면 해결된다.

❹ 민원인의 말을 끊지 말고 경청하라. 고객과 공감할수록 악성 민원은 사라진다.

❺ 민원인의 입장을 고려해서 균형감 있게 민원에 응대하라.

성공을 원한다면
고객 민원에 주목하라

–

"민원을 민원으로만 바라보지 말고,
성공을 위한 필수 요소로 여기기 바랍니다!"

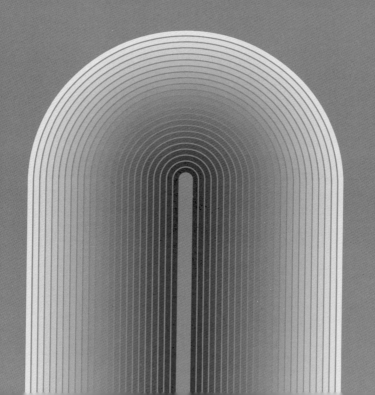

충성 고객과 극성 민원인은 같다

이 책은 민원 중심의 이야기지만 한편으로는 브랜드에 관한 이야기라고 봐도 된다. 브랜드란 고객 마음에 각인되도록 하는 그 자체이기 때문이다. 좋게 각인되느냐 나쁘게 각인되느냐 모두 서비스나 상품을 제공하는 쪽에 달려 있다.

고객이 좋아하는 브랜드는 때로는 사랑에 가깝다. 단순한 브랜드가 아니라, 어느 순간 고객의 삶 일부가 된다. 제품을 구매하고, 서비스를 이용하며, 친구들에게 추천하는 과정이 단순한 거래를 넘어 유대감을 형성한다. 브랜드는 품질과 신뢰, 그리고 개인의 정체성을 상징하는 존재까지로도 여겨진다. 하지만 어느 순간 무언가가 변한다. 가장 충성스러웠던 고객이 가장 강한 비판자로 변한다. 무엇이 이런 변화를 일으키는 걸까? 왜 가장 헌

신적인 지지자가 가장 혹독한 불만 제기자로 돌변하는 걸까?

그 답은 '기대감'이다. 고객이 특정 브랜드에 투자하는 시간이 길어질 수록 기대치는 점점 높아진다. 단순히 제품이나 서비스의 품질을 넘어, 브랜드에 대한 신뢰가 쌓인다. 오랜 시간 동안 우수한 품질을 유지해 온 브랜드는 고객들에게 일종의 '일관성'을 제공한다. 고객들은 단순히 좋은 품질을 기대하는 수준이 아니라, 완벽함과 혁신, 그리고 자신의 필요를 깊이 이해하는 브랜드를 더욱더 원하게 된다. 그런데 해당 브랜드가 이런 보이지 않는 약속에서 멀어졌다고 여겨지면, 일반 고객보다 훨씬 더 큰 실망을 하게 된다.

나는 거의 10년 넘게 한 회사의 온라인 꽃 배달서비스만 사용했었다. 아내에게 꽃 선물을 자주 하기도 하고, 주변 지인들의 승진이나 이직 등 필요 시에 화분을 신속하게 선물하기 위해서였다. 이용 횟수가 100회가 넘는다. 나는 이 꽃 배달서비스를 꾸준히 이용했으며, 가끔 전화로 문의하다 보면 전화 받는 사람 목소리가 과거에 통화했던 사람이라고 알아챌 정도로 자주 주문했다. VIP 고객 중의 하나였을 거다.

하지만 한 사건으로 인해 이 꽃 배달서비스 업체와 하루아침에 거래를 끊게 되었다. 지인의 회사 이직이 있었다. 평상시 이용하던 꽃 배달서비스 회사를 통해 온라인으로 화분을 선물했다. 그런데 갑자기 꽃 배달서비스 회사에서 전화가 왔다. 배달이 불가해서 주문을 취소해달라고 했다. 이유인즉 해당 지인이 외출 중이고 꽃 배달해야 하는 곳은 외부인이 마음대로 들어갈 수 없는 곳이라 화분을 둘 때가 없었다고 했다. 배달하러 간 사람이 그냥 돌아왔단다. 나는 도통 이해가 가지 않았다. 내 전화번호도 알고 있고, 배달 장소에 제대로 배달하기 힘든 상황이라면 그냥 배달을 포기하고 돌아오는 게 맞는가? 고객한테 전화로 상황을 알리고 돌아오는 게 맞지 않을까? 누가 봐도 이직 축하 선물인 화분을 제대로 전달 못 할 상황이라면 상황이 종료되기 전에 주문한 당사자에게 상황을 알려야 마땅하지 않은가? 하지만 배달에 실패했다고 취소하라고 통보식으로 전화를 나한테 하면 나는 어찌해야 하는가? 지인에게 화분 보내는 걸 배달 어려움 때문에 포기하라는 건가? 일단 나는 지인에게 전화 걸어서 상황을 물었다. 화분을 받을 방법이 있냐고 물었다. 1시간 정도 지나면 자신이 사무실에 복귀한다고 했다.

나는 다시 꽃 배달서비스 회사에 전화 걸었다. 따져 물었다. 어떤 이유로 배달이 안 될 상황이면 배달을 포기하기 전에 주문자에게 연락해야 하지 않느냐고 물었다. 어려움을 알리고 조치해서 배달이 가능하게 하는 게 맞지 않느냐고 항의했다. 그랬더니 놀라운 답변을 들었다. 바쁜데 일일이 다 어떻게 그렇게 하냐고 했다. 나는 화가 치밀어 올랐다. 점점 목소리가 격앙되었다. 이 사람하고는 대화가 안 되겠다 싶어, 당신 윗사람 그러니까 책임자를 바꾸라고 했다. 잠시 후 중년 남자가 전화를 받았다. 놀랍게도 이 사람은 자초지종을 듣고는 앞의 사람과는 다른 태도를 보였다. 본인 회사의 응대 실수라고 인정했고 바로 사과했다. 또한 추가 배달 비용 없이 1시간 내로 배달해 주겠다고 약속했다.

나는 이 사람에게 고객이 원하는 건 이직 축하 화분 배달이 잘 이루어지는 거다. 어째서 가장 핵심 서비스인 배달이 안 된 걸 아무런 일도 아닌 양 응대하는가? 배달을 주문한 고객에게 스스럼없이 배달 취소해달라고 전화하는 게 정상이냐고 물었다. 이해가 안 된다고 했다. 만약 배달이 지체된다고 하며 배달을 해주기 위해 추가 비용이 발생된다고 말했다면 나는 당연히 지급 의사가 있었다. 배달서비스 쪽의 잘못이 아니기 때문이기도 했고, 이직 선물을 꼭 주고 싶은 마음이 무엇보다도 컸기 때문이다. 그 책임자는 죄송하다고 연신 이야기했다.

나는 그 사건 이후로 해당 꽃 배달서비스를 이용하지 않는다. 언제고 다시 이런 일이 벌어질 것 같았다. 전화기를 들고 내가 이런 실랑이하는 시간이 아까웠다. 선물을 받는 지인도 이 한 건의 배달 때문에 전화를 여러 통 받았다 했기 때문이며, 무엇보다도 내 기분이 언짢았다. 두 번 다시 이런 일을 겪고 싶지 않았다.

고객 충성도는 평생 보장되지 않는다. 지속적인 긍정 경험을 통해 유지되는 섬세한 관계다. 오랜 시간 브랜드를 지지해 온 고객들은 단순히 좋은 제품을 기대하는 것이 아니라, 자신이 소중하게 여겨진다고 느끼길 원한다. 그러나 그들의 목소리가 무시되거나 소홀히 여겨진다고 느끼면, 그들의 애정은 곧 분노로 변한다. 더군다나 요즘의 SNS는 이러한 변화를 더욱 증폭시킨다. 단 한 명의 실망한 충성 고객이 전체 커뮤니티를 자극하여 사소한 문제가 대형 논란으로 확산될 수도 있다. 이러한 극단적인 불만을 방지하는 핵심은 결국 소통과 유연성이다. 브랜드는 고객이슈를 잘 살펴야 한다. 고객이 우려를 제기한다면 기꺼이 경청하고 피드백하고, 이유를 투명하게 설명해야 한다. 또한 고객을 향한 진심 어린 감사나 사과 표현은 불만을 완화하는 데 도움이 된다. 고객의 불만을 단순한 과민 반응으로 치부하는 것이 아니라, 그들의 깊은 감정적 투자에 대한 증거로 인정해야 한다.

가장 강력한 지지 고객이 가장 큰 비판자로 변할 수 있다. 그러나 이 변화를 두려워할 것이 아니라, 진정성 있는 대응과 실질적인 조치를 통해 실망을 다시 신뢰로 바꾸어야 한다. 고객이 불만을 제기하는 것은 브랜드를 싫어하기 때문이 아니라, 한때 그 브랜드를 깊이 사랑했기 때문이다. 우리가 하는 일을 돌아보고 고객에게 우리의 브랜드가 긍정 브랜드로 각인될 수 있도록 노력해야 한다. 충성 고객이 오히려 큰 민원인으로 변할 여지를 없애라.

민원의 근본 원인 해결에 집중하라

우리는 종종 민원을 부정적인 시각으로만 바라본다. 하지만 민원은 우리 사회의 발전을 위한 중요한 피드백 창구다. 민원을 고찰해 보면 우리가 더 나은 서비스와 시스템을 구축할 기회가 생길 수 있다.

19년간 대기업 연구소에서 수석연구원으로 일하며 늘 '갑'의 위치에 있었던 나는, 스타트업 육성 업무를 맡으며 기존과 전혀 다른 새로운 경험을 하게 되었다. 우리 기관이 운영하는 광화문에 있는 인큐베이팅센터의 입주 연장심사 때문에 벌어진 일이다. 한 스타트업 대표가 나를 KBS에 신고하겠다며 협박했다. 이 사건은 단순히 내가 협박을 받아 힘들었다고 이야기하고 싶은 게 아니다. 이 일은 내가 민원의 본질과 해결 방안에 대해 깊이 고민하게 만든 계기가 되었다.

인큐베이팅센터에 입주해 있던 그 기업은 입주 기간 연장심사에 떨어졌다는 통보를 받고 극도로 흥분했다. 나중에 들어보니, 입주 연장심사에서 탈락했기에 당장 사무실을 옮겨야 하는 극심한 스트레스를 겪었단다. 이 스타트업 대표는 흥분한 상태로 날카롭고 감정적 반응을 보였다. 탈락 통보를 받고 바로 나에게 찾아왔다. 내가 그 당시 입주 연장심사 전체를 진행했기 때문이다.

삿대질과 함께 가까이 다가와 본인의 얼굴을 내 얼굴에 들이대며 소리 질렀다. 연장심사에서 통과한 스타트업과 비교하여 자신 회사의 탈락이 부당하다고 주장했다. 연장심사에 통과된 몇몇 스타트업의 이름을 대며 그 회사들 대비 본인 회사가 절대 뒤처지지 않는다고 뻘겋게 상기된 얼굴로 소리 질렀다. 그러고는 'KBS에 있는 아버지 친구'를 언급하며 KBS 뉴스에 이 상황이 나오도록 하겠다고 비웃다가 화내기를 반복했다. 그야말로 위협적인 태도였다. 나는 철저히 차분하게 대응했다. 같이 흥분해선 좋을 게 없다고 생각했다. 한참을 소리 지르고 나서야 그가 안정을 찾았다. 물론 심사 결과에 수긍한 게 아니라 30분 이상 분풀이를 하고 나서야 잠잠해진 상황이었다. 그러고 나서 그는 자리를 박차고 나갔다. 그날 이후, 나는 며칠 동안 조마조마했다. '진짜로 KBS에 이 상황이 나오게 된다면 어쩌지?' 하면서 가슴이 콩닥콩닥했다. 시간이 흘렀지만, 결론적으로 뉴스화되지 않았다. 해당 스타트업 대표가 KBS 뉴스에 관련 내용이 나오도록 조치하지 않았기 때문이다.

'뉴스에 내가 나올 수도 있겠다.'라고 걱정하며 시간을 보내며 여러 가지 느낀 점이 많았다. 이 일은 나에게 민원 대응에 있어 중요한 시사점을 제공했다.

첫째, 민원의 표면적인 내용 이면에 있는 실제 원인을 파악하는 것이 중요하다는 점이다. 이 경우, 탈락 자체보다는 급작스러운 퇴실에 대한 부담이 실제 원인이었음을 알 수 있었다.

둘째, 원칙을 지키면서도 유연한 해결책을 모색할 필요가 있다. 나는 해당 대표가 당장 사무실을 옮겨야 하는 부분에 대한 스트레스가 크다는 점을 다른 사람을 통해 전해 들었다. 입주 연장에 실패한 스타트업들의 퇴실 기간을 연장해 주었다. 심지어 잔여 짐 보관을 2개월 허용하는 등의 현실적인 대안을 제시함으로써 상황을 완화할 수 있었다.

약 1년 후, 해당 대표가 내게 전화를 걸어왔다. 두근거리는 마음으로 전화를 받을지 말지 고민하다가 '에라 모르겠다.'하고 전화를 받았다. 사실 그가 나에게 소리 지른 그날 이후 그를 직접 본 적도 통화를 한 적도 없었다. 나는 통화하는 내내 너무나 어색했다. 하지만 그는 매우 친절하게, 그때 화를 내서 죄송했고 사무실 잘 옮겨서 사업 잘하고 있다고 상냥하게 말했다. 1년 전 나에게 머리를 들이밀며 소리치던 그 남자라고 여기기 어려울 정도로 부드럽게 이야기했다.

비록 나에게 엄청나게 거칠게 화내었지만, 민원인의 진짜 화난 이유를 알자마자 후속 조치를 통해 민원인에게 관련된 제공 가능한 혜택을 부여했다. 이 경험은 다른 심사보다 입주 연장심사의 중요성을 더욱 일깨워 주었다. 물리적 공간과 같이 즉각적인 대체가 어려운 자원에 관한 결정은 일반적인 결정보다 더욱 신중해야 함을 알게 해주었다. 그러면서도 입주 연장 탈락이라는 최초 원칙은 양보하지 않았다. 아마도 후속 조치가 민원인의 마음을 누그러뜨렸다고 판단된다. 또 한편으로는 민원인의 감정이 진정되고 나면, 합리적인 소통이 가능할 수도 있다는 예시이기도 했다.

고객 민원은 단순한 불만 제기가 아니라, 시스템의 개선점을 발견하고 더 나은 서비스를 제공할 기회라고 여길 필요가 있다. 핵심이면서 중요한 원칙은 고수한다. 민원인의 처지를 이해하려 노력하고, 문제의 근본 원인을 파악해 해결하려는 자세가 필요하다. 이러한 노력이 쌓일 때, 우리는 고객의 신뢰를 얻을 수 있다. 더 나은 서비스를 제공할 수 있게 된다. 결국 고객 민원은 우리 조직과 사회가 한 단계 더 발전할 소중한 기회다.

말하지 않는 불만도 잡아채라

비즈니스에서 고객의 목소리를 듣는 것은 가장 기본적이면서도 간과하기 쉬운 요소다. 특히 고객은 자신의 불만이나 불편함을 직접적으로 표현하지 않는 경향이 있기 때문에, 표면적인 반응만으로 상황을 판단하는 건 위험하다. 내가 참여했던 스타트업 멘토링 행사에서 이러한 현상을 선명하게 경험했었다.

그날 행사장은 20명의 멘토와 30명의 스타트업 대표가 모여 일대일 멘토링을 진행하는 활기찬 분위기였다. 특별히 1박 2일로 서울 근교 워크숍을 가서 진행했기에 재충전도 하고 비즈니스 발전도 도모하는 이벤트였다. 멘토링 행사장은 원형 테이블 15개가 놓인 큰 홀에서 진행되었다. 멘토와 멘티 모두 즐거운 표정으로 대화를 나누었다. 겉으로 보기에 매우 성공적인 행사로 보였다. 참여자 모두 시끌벅적하면서도 열띠게 이야기 나누고 있었기 때문이다. 스타트업 멘토링 행사에 걸맞게 멘토들도 열심히 대화를 나누었으며, 스타트업 대표들도 생글생글 웃으며 질문하는 모습이 보기 좋았다.

나는 스타트업 대표들과 평소 친밀한 관계를 유지한다. 그들의 애로사항을 편견 없이 잘 듣고 해결해 주는 멘토였다. 이날 나는 행사의 주최자이면서 또 멘토로서 참여했다. 나는 각기 다른 스타트업 대표 3명과 각각 멘토링을 마쳤고, 네 번째 스타트업 대표가 내 앞에 앉았을 때, 예상치 못한 상황이 발생했다. 평소 친하게 지내던 스타트업 대표였다. 그는 나에게 고개를 들이밀어 내 귀에 속삭였다.

"멘토님. 저 여기 테이블에 계속 있으면 안 될까요? 다른 멘토들이 너무 별로여서 그냥 여기서 멘토님께 멘토링 오래 받는 척하며 다른 일 하고 싶습니다. 여기 멘토들과 이야기 나누는 게 도움 안 됩니다. 멘토링 시간이 너무 아까워요."

이 말에 나는 깜짝 놀랐다. 겉으로 보기에 모든 게 순조롭게 진행되는 듯했던 행사장의 실상이 전혀 다를 수 있겠다 싶었다. 이 솔직한 고백을 듣고 멘토와 멘티들을 자세히 관찰했다. 멘토링 행사장은 테이블마다 이야기 나누는 소리 때문에 시장통같이 시끌벅적했다. 대화를 나누고 있는 멘토와 멘티들을 가만히 들여다보니, 많은 대화 속에서 대다수 사람이 형식적으로 대화를 나누고 있다는 사실이 보이기 시작했다. 시끌벅적하다고 해서 이 행사가 잘되고 있다고 판단했던 나 자신이 한심하게 여겨졌다. 시끄러움이 행사의 성공을 대표하는 게 아니지 않는가? 그리고 처음 본 사람끼리 과연 인상을 찌푸릴 수 있을까? 더군다나 우리가 멘토랍시고 모신 분들에게…. 스타트업 대표의 한마디에 상황이 이렇게 달라 보이니 나는 더욱 놀랐다.

나중에 알게 된 사실이 있다. 스타트업 대표들이 멘토에게 본인의 회사 상황을 적나라하게 알리지 않는다는 점이다. 스타트업 대표들은 진짜 고민과 불만을 쉽게 이야기하지 않는다. 이런 태도에는 분명한 이유가 있다. 그들은 자신 회사의 약점이 노출되어 정부 지원사업 선정 과정에서 불이익을 받을까 두려워한다. 회사의 부족한 부분이 외부에 알려져서 좋을 게 없다는 생각이 내면에 깔려 있다. 스타트업 대표들이 이렇게 행동한다는 사실은 여러 스타트업 대표와 충분히 신뢰 관계가 형성된 후에 알 수 있었다.

고객의 이러한 심리는 비즈니스 전반에 적용된다. 고객들은 아래 6가지 이유로 불만을 직접적으로 표현하지 않는 경향이 있다.

1. 불필요한 갈등을 피하고 싶어 하는 심리

2. 자신의 의견이 중요하게 여겨지지 않을 거라는 생각

3. 불만을 표현해도 개선될 가능성이 적다고 판단

4. 자신이 까다로운 사람으로 인식될 수 있다는 우려

5. 불만을 이야기했다가 오히려 피해를 볼 수 있어서

6. 귀찮거나 시간이 없어서

이러한 현상이 위험한 이유는 서비스 제공자가 잘못된 판단을 내릴 수 있기 때문이다. 표면적으로 고객이 만족한 것처럼 보이고, 명시적인 불만이 없다고 해서 실제로 모든 게 잘 진행되고 있다고 착각하기 쉽기 때문이다.

멘토링 행사의 경우, 모든 테이블의 사람들이 앉아서 웃으며 대화하고 있었기에 성공적인 행사라고 판단했다. 하지만 실제로는 많은 참가자가 형식적으로만 참여하고 있었다.

이는 비즈니스에서 매우 위험한 함정이다. 고객이 불만을 제기하지 않는다고 해서, 반대로 그것을 만족의 신호로 오해하면 안 된다.

스타트업 대표가 나에게 한 솔직한 고백은 그가 이미 다른 멘토들에 대한 신뢰를 잃었다는 걸 보여준다. 만약 행사 주최 측이 이러한 문제를 인식

하지 못하고 다음에도 계속 같은 방식으로 같은 멘토를 모아 멘토링 행사를 진행한다면, 점차 참여하는 스타트업의 수가 줄어들거나 만족도가 매우 낮은 행사로 전락할 게 분명하다.

또 하나 주목해야 할 부분이 있다. 고객의 불만이 즉시 표출되지 않고 축적된다는 점이다. 항상 미소 짓던 고객도 불만이 임계점에 도달하면 갑작스럽게 관계를 단절하거나 폭발적인 악성 민원 반응을 보일 수 있다. 무엇보다 이런 상황이 심각한 이유는 대부분 이미 관계 회복이 어려운 상태까지 가서야 상황의 심각성을 깨닫기 때문이다.

비즈니스에서 성공하기 위해서는 고객이 표면적으로 표현하는 것 이상의 목소리에 귀 기울여야 한다. 고객은 종종 진실을 숨기고, 불만을 직접적으로 표현하지 않는다. 그러나 그들의 진정한 마음을 이해하고 헤아릴 때 비로소 진정한 가치를 제공할 수 있다.

멘토링 행사에서의 경험은 우리가 얼마나 쉽게 상황을 오판할 수 있는지 보여주는 좋은 예이다. 모든 게 잘 진행되는 것처럼 보였지만, 실제로는 많은 참가자가 불만을 품고 있었다. 이렇게 진짜 현실을 파악하고 문제점을 개선하는 게 비즈니스의 지속적인 성장과 발전을 위한 필수 요소다. 고객의 마음을 헤아리는 것은 단순한 서비스 향상 이상의 의미가 있다. 그것은 비즈니스의 생존과 번영을 위한 핵심 요소이며, 지속 가능한 관계 구축의 기반이다. 진정한 공감을 통해 고객의 마음을 얻고 이를 바탕으로 고객이 원하는 바를 깨닫는 체험을 해보라. 처음엔 어색하고 낯설지만, 하다 보면 고객이 나에게서 멀지 않음을 알 수 있게 된다.

고객의 진정한 목소리를 듣기 위해서는 단순한 설문조사나 형식적인 피드백 수집을 넘어서야 한다. 무엇보다 평상시에 신뢰 관계를 구축하라. 고객이 스스럼없이 자신의 의견을 표현할 수 있도록 나를 신뢰하도록 만들어라. 나부터 먼저 고객에게 다가서고 진심으로 소통해서, 나만의 신뢰 관계를 구축하라.

악성 민원, 대응책을 마련하라

　최근 몇 년간 악성 민원으로 인해 극심한 스트레스를 겪고 결국 극단적인 선택을 하는 전문가들, 특히 교사, 공무원의 사례가 늘고 있다. 학부모나 보호자의 끊임없는 괴롭힘, 고위공직자의 근거 없는 비난과 반복적인 민원으로 인해 목숨을 끊은 사람의 이야기는 매우 심각하다. 공무원 및 다양한 직군의 종사자들이 겪는 부당한 민원으로 인해 사기가 저하되고, 직업적 위험에 처하는 경우가 많다.

　악성 민원에 대해서는 즉각적인 관심과 효과적인 대응책이 있어야 한다. 악성 민원은 건설적인 비판과 다르다. 정당한 불만은 시스템과 서비스를 개선하여 해결돼야 하지만, 일부 사람들은 개인적인 복수나 맹목적 괴롭힘, 부당한 영향력을 행사하기 위해 민원 제도를 악용한다. 디지털 플랫폼과 행정적 허점을 이용한 반복적 민원 제기는 해당 전문가들이 지속적인 불안과 방어적인 태도를 보일 수밖에 없는 환경을 조성한다. 최악의 경우 피해자는 사회적 명예훼손, 직무 강등, 그리고 극심한 정서적 고통에 시달려 결국 극단적인 선택을 하기도 한다.

특히 교사들에게 악성 민원의 무게는 더욱 심각하다. 교사들은 권위와 학생 지도 사이에서 균형을 유지해야 한다. 단 한 번의 훈육이나 오해로도 학부모들의 강력한 민원이 제기될 수 있다. 학생들에게 모범이 되어야 하는 선생님이기에 생각 이상으로 심한 감정적 압박을 받는다. 최근 들어 교사가 윤리적이고 합법적인 범위 내에서 행동했음에도 불구하고 일부 학부모에게 필요 이상의 압박을 받는 경우도 많다. 이러한 상황에 대해 교사 개인 차원이 아닌 학교 차원의 적절한 보호 조치가 마련되어야 한다. 그렇지 않다면, 많은 교사가 학생 지도에 위축될 수밖에 없다. 그러면 점점 더 선생님 본연의 역할 수행이 어려워진다.

근거 없는 민원에 지속적으로 노출되면 민원 응대자는 극심한 스트레스를 받게 된다. 자신을 방어할 방법이 없다고 느끼기 쉽다. 반복적인 극성 민원에 노출되면 다른 누군가에게 억울함을 호소하기도 어렵다. 자신을 변호하는 것이 오히려 저항이나 반항으로 비칠 것을 우려하여 침묵하는 예도 많다. 이에 따라 번아웃, 불안, 우울증이 증가한다. 이런 상황이 해결되지 않고 지속되고 심해지면 극단적인 선택으로 이어질 수 있다.

개인의 고통뿐만 아니라, 이러한 현상은 기관과 사회 전체에도 부정적인 영향을 미친다. 유능한 전문가들이 스트레스와 공포로 인해 해당 직업을 떠나면, 교육의 질은 하락하고, 공공기관의 효율성은 저하되며, 기업에서는 생산성이 감소하고 직원 이탈률이 증가한다. 민원의 두려움이 지나치게 커지면, 전문가들은 소극적인 태도를 보이게 되어 과감한 결정을 회피하고, 이는 사회 발전을 저해하는 요인이 된다.

근거 없거나 타당치 않은 민원으로 인한 피해를 막기 위해서는 학교 차원, 회사 차원에서 더 나아가 정부 차원의 체계적인 개선책과 보호 조치가 필요하다.

우선 학교와 기관에서 명확한 민원 평가 절차가 필요하다. 스타트업의 정부 지원사업 선정 관련 민원의 경우, '이의제기'라고 칭하며, 스타트업에서 공식적으로 항의하면 외부 혹은 내부 인력으로 구성해서 '이의제기 심의 위원회'를 열고 일차적으로 민원을 받아들일지 말지를 결정한다. 그리고 받아들이기로 했다면 해당 민원인을 출석하도록 해서 기존과 다른 심사위원을 위촉해서 민원인이 위원들에게 한 번 더 어필할 기회를 만들어 준다. 본인이 발표 평가할 때 만난 심사위원하고 전혀 다른 위원들 앞에서 다시 한번 발표할 기회를 얻게 된다는 거다. 물론 이때도 '탈락'이 '선정'으로 바뀔 확률은 낮다. 하지만 가끔은 판정이 뒤집혀 미선정에서 선정으로 결과가 바뀔 때도 있다. 아무튼 스타트업이 이의제기한 상황을 무시하는 게 아니라, 타당성을 따져보고 한 번 더 어필할 기회를 주기 때문에 이 제도도 스타트업 외 업무에서도 고려해 볼 필요가 있겠다.

이런 노력은 당연히 회사, 기관 혹은 학교 차원에서 실시해야 한다. 정당한 민원과 악의적인 민원을 구별할 수 있는 체계를 구축해야 한다. 개인에게 맡겨둔다면 지금처럼 안타까운 일이 일어나는 게 반복된다. 또한 고위 공직자의 말도 안 되는 개입을 막을 장치가 있어야 한다. 두 번째로는 악성 민원을 제기하는 개인에게 강한 법적 책임을 지도록 해야 한다. 허위 비난이 법에 따른 제재를 받도록 하여 재발하지 않도록 교훈화 돼야 한다.

또한 회사에서는 직원들이 악성 민원으로 인해 겪는 정신적 스트레스를 해소할 수 있도록 상담 서비스 및 지원 체계를 마련할 필요가 있다. 물론 가끔 일어나는 일이라고 생각되는 회사에서는 지원 체계를 구축하는 것이 쉽지 않겠다.

중요한 점은 허위 민원이 초래하는 심각성을 구성원 모두가 다 같이 고민해야 하며, 회사 차원의 응대가 필요하다는 점이다. 요즘 ARS 전화를 걸어 서비스센터와 통화하려고 전화를 걸면 대부분 성희롱이나 함부로 대하지 말라는 권고성 멘트가 자동으로 나온다. 이는 해당 회사 차원의 노력이다. 이런 노력이 쌓여 상호 존중과 책임감 있는 민원 문화가 정착될 수 있도록 해야 한다.

악성 민원의 증가는 심각한 문제다. 이를 해결하기 위한 즉각적인 조치가 필요하다. 정당한 문제 제기는 사회 발전을 위해 필수적이지만, 부당한 괴롭힘과 정신적 압박을 받지 않도록 보호하는 것도 중요하다. 피해자의 권리와 민원인의 권리를 균형 있게 보호하는 체계가 마련될 때, 더욱 공정하고 건강한 사회가 조성된다.

극심한 민원은 더 이상 남의 이야기가 아니다. 불필요한 극심한 민원이

사라지도록 주변을 보살피고 학교 차원, 기관 차원, 회사 차원의 대응책을
마련하라.

고객이슈는 비즈니스의 근본이다

고객 불만은 단순한 불평으로 여겨질 수 있지만, 실제로는 기업의 서비스 수준과 성숙도를 측정하는 중요한 지표다. 고객 불만의 본질을 분석하면 기업이 운영하는 서비스 및 제품의 강점과 약점을 파악할 수 있다. 중요한 것은 고객이슈가 기업의 서비스 수준과 적응력에 대해 무엇을 말해주는지 이해하는 것이다.

지금 접수되고 있는 고객 불만이 주로 기본적인 서비스 문제(예를 들어, 서비스 지연, 제품 결함, 불충분한 지원 등)에 관련되어 있다면, 이는 해당 기업이 낮은 수준의 업무 효율성을 유지하고 있다는 신호다. 이러한 반복적 문제들은 기업이 고객의 기본적인 기대를 충족시키는 데 어려움을 겪고 있음을 보여준다. 어제와 동일한 근본적인 문제에 대한 불만이 지속해서 접수되고 있다면, 이는 시스템적인 결함이 존재하며 시급한 개선이 필요하다는 의미다. 고객들은 신뢰할 수 있는 서비스와 제품을 기대한다. 기본적인 요구사항이 충족되지 않으면 실망하고 신뢰를 잃으며 결국 떠나게 된다.

저렴한 해외 직구가 유행처럼 번져서 나도 한동안 특정 플랫폼 앱을 통해 제품을 구매했다. 하지만 어느 순간부터 그 서비스에 전혀 손이 가지 않는다. 몇 번을 구매해 봤지만, 싼 게 비지떡이라고 너무 금방 망가지고 부실한 제품이 다수였기 때문이다.

반면, 고객 불만이 독창적이거나 새로운 문제로 변화하는 경우, 이는 기업이 발전하고 있다는 신호일 수 있다. 만약 고객들이 더 이상 기본적인 서비스 결함을 지적하지 않고, 오히려 세부적인 개선 사항이나 추가 기능, 더 나은 경험을 요구하기 시작한다면, 이는 기업이 일정 수준 이상의 서비스 역량을 갖추고 있음을 나타낸다. 이러한 불만은 보통 기본 서비스가 안정화된 후 나타나며, 고객들이 더욱 정교하고 개인화된 경험을 기대하기 시작했음을 의미한다. 예를 들어, 기술 기업이 더 이상 UX/UI 관련 불만을 받지 않고, 새로운 기능 추가 제안 피드백을 받는다면, 이는 기본적인 생존에서 벗어나 성장과 혁신으로의 전환을 시사한다.

고객 불만의 이러한 변화는 기업의 성장 상황을 반영한다. 기업은 단순히 문제를 해결하는 것에 그치지 않고, 고객 피드백 속에 숨겨진 메시지를 읽어내야 한다. 불만이 기초적인 수준이라면, 먼저 핵심 서비스의 안정화와 개선에 집중해야 한다. 그러나 불만이 더욱 세련된 문제로 바뀌었다면, 이는 기업이 제품과 서비스를 더욱 발전시키게 된다면 고객 기대를 초과 달성할 여건이 마련되었다는 신호다.

성공 기업은 고객 불만을 부담이 아닌 발전을 측정하는 기회로 본다. 이들은 고객 피드백의 패턴을 분석하고 이를 전략 수립에 활용한다. 목표는 불만을 완전히 없애는 것이 아니다. 불만 제로, 민원 제로는 현실적으로 불가능하다. 우리가 해야 할 일은 불만 제로, 민원 제로보다 불만을 세련된 개선 요청으로 변화시키는 것이다.

잘 관리되는 기업은 단순히 불만의 수를 줄이는 것이 아니라, 불만을 통해 혁신을 이끄는 방향으로 발전한다.

결국, 고객이슈의 존재와 그 유형은 기업의 성숙도를 측정하는 척도다. 반복되는 기본 서비스 문제로 어려움을 겪는 기업은 핵심 운영을 강화하는 데 집중해야 한다. 고객이슈를 통해 고차원적인 피드백을 받는 기업은 이를 활용하여 제품과 서비스를 정교하게 다듬어야 한다.

이 글을 읽는 독자들의 회사는 어떠한가? 현재 발생하고 있는 민원이 수준 높은 민원인가? 아니면 기본적인 문제가 아직도 반복적으로 발생하고 있는가? 혹시나 민원의 질이 낮다면, 민원의 질이 높아질 수 있도록 구성원들이 모여 머리를 맞대고 상의해 보자. 단순한 민원들이 재발하지 않도록 하는 건 어찌 보면 해당 회사와 기관의 의무다. 단순히 반복되는 고객 불만을 극복하고 보다 고차원적인 고객이슈를 접하도록 노력해 보자. 어느 날인가 분명 그날은 온다.

민원 제로, 브랜드 강화의 지름길

최근 몇 년 사이, 고객 불만과 민원의 상황이 변하고 있다. 단순한 서비스 불만을 넘어, 악성 민원이 SNS와 온라인 커뮤니티를 통해 빠르게 확산하는 현상이 두드러지고 있다. 이러한 민원은 '특정 사례로 보상을 받았다.', '원래는 환불이 안 되는 곳인데 이렇게 해서 환불받았다.', '인턴 끝나고 부당 대우받은 부분에 대해 고용노동부에 신고하여 보상받았다.' 등등, 정보가 쉽게 공유되면서 더 많은 사람이 악용하기 쉬워졌다고 생각된다. 물론 정당한 보상과 요구 방법이 공유되고 알려지는 부분은 당연히 긍정의 요소다.

하지만, 불만을 제기하는 사람 중에는 개선 요청이나 필요한 보상 요구가 아닌, 어떻게 하면 금전적 보상을 받을 수 있는지에 대한 일종의 전략적 행동을 하는 경우도 있다. 일부 민원인은 터득한 방법을 통해 상습적으로 민원을 제기하고 보상을 받는 등 블랙컨슈머로 변질되는 일도 있다. 보험 사기, 음식을 잘 먹은 후 이물을 넣고 위자료를 요구하는 등….

이러한 진상 고객들은 실제로 문제를 해결해달라는 요청의 목적보다 기업이 보상해 줄 가능성을 기대하며 민원을 제기하는 경우다. 요즘은 불만을 크게 제기하면 포인트를 주거나 혜택을 줘서 무마하려는 기업들도 많다 보니, 고객이 불만을 제기했는데도 불구하고 보상이 주어지지 않으면 화를 내는 민원인도 많다.

또 한 가지 유형으로는 팬덤 문화의 확산 속에서 일부 고객들은 기업과 직접적인 대화를 피하고, 온라인에서 악의적인 댓글을 남기며 불만을 표출하는 방식을 택한다. 이는 단순한 불만 표현을 넘어, 감정적인 공격으로 이어지기도 한다. 기업으로서는 이러한 현상을 단순한 고객 불만이 아니라, 온라인 여론을 형성하려는 전략적인 움직임으로까지 인식할 필요성이 생겼다.

사람들의 일반적인 특성상, 험담은 잘 퍼지고 선행은 잘 전파되지 않는다. 악성 민원과 같은 개인적인 경험이 SNS와 온라인 카페를 통해 익명화되어 빠르게 퍼지면서, 실제 문제보다 더 부풀려지거나 왜곡된다. 더욱이 대화보다는 익명성이 보장되는 온라인에서 감정을 표출하는 방식이 증가하면서, 문제 해결보다는 비난에 초점이 맞춰진다.

이런 상황에서 악성 민원에 대처하려면 어떻게 하면 좋을까? 기업은 악성 민원에 휘둘리는 것이 아니라, 공식적인 대응 방안을 수립하고 이를 일관되게 적용해야 한다. 공개적인 견해 표명을 통해 사실관계를 명확히 하고, 불필요한 오해를 최소화할 필요가 있다.

정당한 불만을 제기하는 고객과 보상을 목적으로 악성 민원을 제기하는 고객을 구별해야 한다. 이를 위해 민원의 패턴을 분석하고, 반복적인 악성 민원을 걸러낼 수 있는 시스템이 필요하다. 최근 들어 챗봇의 응대 범위가 넓어지고 있다. 감정 소모적 단순 대화는 챗봇에 맡겨 불필요한 민원을 제거하고 균질된 답변을 통해 업무 효율을 높이기 위함이다. 만약 반복적인 고객 응대가 온라인에서 필요하다면 챗봇의 도입에 대해 적극 고민해 볼 필요가 있다. 특히 생성형 AI 챗봇은 각각의 비즈니스 영역에 특화된 언어와 대응을 학습시켜 고객에게 딱 맞는 답변을 할 확률을 높일 수 있다.

SNS와 온라인 커뮤니티에서 우리가 원하지 않는 정보가 확산되고 있다면 방관해선 안 된다. 실제와 무엇이 다른지 자세히 검토하고, 필요할 경우 적극적으로 정정 노력해야 한다. 잘못된 정보가 확산되지 않도록 이를 미연에 방지하기 위한 실시간 대응 체계도 필요하다면 구축해야 한다. 이러한 대응 체계에는 악성 댓글이나 집단적 불만이 아닌, 실질적인 해결책을 논의할 수 있도록 고객과 직접적인 소통 창구를 마련해야 한다. 이를 통해 고객이 기업과의 대화를 꺼리는 현상을 줄여야 한다. 그래야 신뢰를 회복할 수 있다.

특정 제품이나 서비스에 대한 팬덤 문화가 강한 경우, 고객들의 기대치가 높아지고 감정적인 반응이 나올 가능성이 크다. 이를 고려한 맞춤형 커뮤니케이션 전략이 필요하다.

과거처럼 민원을 단순한 불만의 일종으로 가볍게 여기면 안 된다. 기업이 고객 불만에 대응할 때, 단순히 개별적인 문제 해결을 넘어, 온라인에서 확산하는 악성 민원의 특성을 이해하고 이에 맞는 전략을 세워야 한다. 보상을 목적으로 한 민원이 증가하고, 직접 대화보다는 온라인에서 감정적으로 표현하는 방식이 일반화되는 상황에서, 기업은 신속하면서도 체계적인 대응이 필요하다.

　악성 민원을 무조건 받아들이거나 방관하는 것이 아니라, 객관적인 기준을 세우고, 신뢰할 수 있는 소통 구조를 구축하는 것이 장기적으로 기업의 브랜드를 보호하는 길이 된다. 이 책을 통해 이 부분에 대한 개선책을 세워야겠다고 다짐하는 시간이 되면 좋겠다.

민원 제로 비밀 노트

고객의 불만은 언제 어떻게 내가 하는 일에 영향을 미칠지 모릅니다. 민원의 수준이 우리 회사의 수준입니다. 민원을 개인 차원이 아닌 회사 차원에서 바라보고 고객과 신뢰 관계를 구축해 보시기 바랍니다.

❶ 고객의 민원을 소홀히 여기면 '충성 고객'도 한순간에 떨어져 나간다.

❷ 고객이 항의하는 근본 원인을 찾아내고 해결하라.

❸ 평상시에 고객과 진심 어린 소통을 통해 신뢰를 구축하라.

❹ 민원 대응을 개인 문제로 치부하지 말고, 회사 차원의 대응책을 마련하라.

❺ 민원의 수준이 우리 회사의 수준이다.

❻ 민원을 줄이는 것이 브랜딩 강화의 지름길이다.

민원, 제대로 알면
백전백승이다

–

"민원에 대해 제대로 알기 위해 노력한다면,
어느 순간 민원이 더 이상 짐처럼 여겨지지 않을 겁니다!"

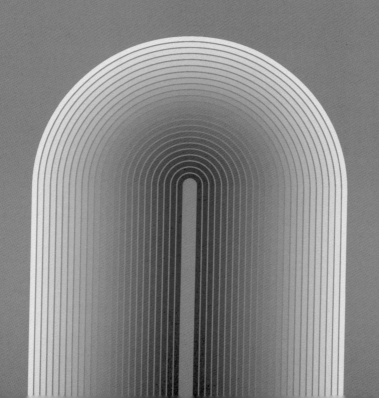

민원이란 무엇인가?

민원이라는 단어는 보통 공공기관에서 많이 사용한다. 일반 기업에서는 '고객불만' 혹은 '고객이슈'라고 칭하는 경우가 많다. 여기서는 공공기관에서 많이 언급하는 민원에 대해 법률에서 정의한 내용과 관련 법률을 알아본다.

민원 관련된 법률로는 정부 정확히는 행정안전부에서 제정한 '민원 처리에 관한 법률'이 있다. 이 법률은 행정기관의 민원 처리에 관한 기본적인 사항을 규정함으로써 민원의 공정하고 적법한 처리와 민원행정제도의 합리적 운영을 도모하고, 국민의 권익을 보호함을 목적으로 한다. 민원인과 행정기관 간의 관계를 규율하는 기본법적 성격을 가지며, 민원 처리의 전반적인 절차와 원칙을 제시하고 있다.

법률상의 민원에 대한 정의와 범위를 살펴보면, 민원이란 국민이 행정기관에 대하여 처분 등 특정한 행위를 요구하는 것을 말한다. 여기에는 일반민원, 고충민원, 기타민원 등이 포함된다. 일반민원은 법정민원과 질의민원, 건의민원, 기타민원 등으로 세분화된다. 법정민원은 법령에서 정한 일정 요건에 따라 인가, 허가, 승인, 특허, 면허 등을 신청하거나 장부, 대장 등에 등록, 등재를 신청 또는 신고하거나 특정한 사실 또는 법률관계에 관한 확인 또는 증명을 신청하는 민원을 말한다. 건의민원은 그야말로 건의하는 민원이다.

법률에서는 민원 처리의 기본 원칙으로 첫째, 신속·공정·친절·적법한 처리의 원칙을 두고 있다. 행정기관은 관계 법령에 따라 민원을 다른 업무에 우선하여 신속, 공정, 친절하게 처리해야 하며, 둘째, 민원 처리 기간 준수 및 단축 처리의 원칙이 있다. 행정기관의 장은 민원의 처리 기간을 명확히 정하고, 이를 준수해야 하며 가능한 한 단축하여 처리하도록 노력해야 한다고 되어 있다. 셋째, 민원인의 권익 보호 원칙이 있어서, 행정기관은 민원을 처리할 때 민원인의 권익이 침해되지 않도록 노력해야 한다고 되어 있다.

법률상 보면, 민원인은 문서(전자문서 포함), 말, 전화, 전자적 방법 등으로 민원을 신청할 수 있다. 민원 신청 시 첨부서류의 간소화를 위해 행정기관의 장은 민원의 처리를 위하여 불가피한 경우 외에는 민원인에게 관계 법령에서 정한 수수료 외의 비용을 청구하지 못하며, 행정기관은 민원을 접수할 때 접수증을 교부해야 한다고 되어 있다. 행정기관은 민원이 접수된 후 바로 그 처리 담당자를 지정하고, 처리 상황을 확인·점검하여야 한다. 또한, 민원 처리에 관한 법률에 따르면 민원의 처리를 위하여 필요한 경우 관계기관, 부서 간의 협조를 요청할 수 있다. 협조 요청을 받은 관계기관, 부서는 특별한 사유가 없으면 이에 응해야 한다고 되어 있다.

법률상으로 민원의 종류에 따른 처리 절차 또한 상세히 규정되어 있다. '법정민원'의 경우 관계법령에서 정한 처리 기간이 적용되며, 처리 기간이 정해져 있지 않으면 민원 처리에 관한 법률 시행령에서 정한 기간 내에 처리해야 한다. 행정기관의 장은 처리 기간을 연장할 필요가 있는 때에는 그 사유를 민원인에게 통지하여야 한다.

민원 처리 과정에서 투명성과 책임성을 확보하기 위한 장치로 행정기관의 장은 민원의 처리 상황을 확인·점검하고, 처리 결과를 민원인에게 통지하여야 한다. 또한, 민원의 처리 과정에서 민원인의 이의신청 권리를 보장하고 있으며, 이의신청을 받은 행정기관은 접수한 날부터 일정 기간 내에 이를 처리하여야 한다.

　민원인의 권익 보호를 위한 제도적 장치로는 민원 처리 담당자의 기피 신청, 민원 처리의 예외적 거부나 종결의 경우에 대한 명확한 기준, 그리고 행정기관의 잘못으로 인한 민원 처리 지연 시 민원인에 대한 사과와 재발 방지책 마련 등이 포함된다. 특히, 민원 처리의 투명성과 신뢰성을 높이기 위해 행정기관은 민원 처리 과정의 전자적 관리, 민원 처리 상황의 공개, 그리고 민원 처리 결과의 통지 등을 철저히 수행해야 한다고 법률로써 정해져 있다.

　따라서, 민원이 발생하는 공공기관이나 관련 기관에서는 민원 처리 기간을 반드시 정해야 하며, 원칙적으로 신속히 처리해야 한다. 이는 민원인을 약자로 여기고 민원인을 보호하기 위한 법적 조치라고 이해하면 되겠다.

민원 처리의 디지털 전환과 실제

　민원 처리에 관한 법률에서 주목할 만한 두 번째 주제는 민원 처리 제도의 발전과 디지털 전환에 관한 사항이다. 이는 공공행정의 효율성 제고와 국민 편의 증진을 위한 중요한 변화로서, 전자정부 구현의 핵심 요소로서 강조되고 있다.

　전자 민원 창구의 설치와 운영은 민원 처리의 디지털화를 상징하는 핵심적인 변화다. 행정기관의 장은 민원인의 편의를 위하여 정보통신망을 이용한 전자 민원 창구를 설치 · 운영할 수 있다. 전자 민원 창구를 통해 민원인은 시간적, 공간적 제약 없이 민원을 신청하고 처리 상황을 확인할 수 있다. 이는 민원 처리의 접근성을 크게 향상시켰다. 특히 코로나와 같은 감염병 상황에서 비대면 행정서비스의 중요성이 부각되었다. 통합 전자민원 창구의 운영은 더욱 진일보한 형태의 민원 처리 시스템이다. 민원 처리에 관한 법률에 따르면 행정안전부장관은 통합전자 민원창구를 설치·운영하여 민원을 접수·처리할 수 있다. 이를 통해 여러 행정기관에 걸친 복합민원을 하나의 창구에서 처리할 수 있게 되었으며, 정부24와 같은 플랫폼을 통해 각종 민원 신청과 처리, 증명서 발급 등이 가능해졌다.

민원 처리의 디지털화는 행정정보 공동 이용의 확대로 이어졌다. 행정기관은 민원 처리를 위해 필요한 행정정보를 공동으로 이용할 수 있다. 이를 통해 민원인이 제출해야 하는 서류를 최소화하고, 행정기관 간 협업을 통해 민원 처리의 효율성을 높일 수 있게 되었다. 특히, 전자정부법에 따른 행정정보 공동 이용 시스템을 통해 민원인의 동의를 받으면 민원 처리에 필요한 특정 정보를 확인할 수 있게 되었다.

민원 처리 제도의 디지털 전환은 데이터 기반 민원 행정의 가능성을 열었다. 행정기관은 접수된 민원의 유형, 처리 소요시간, 만족도 등을 분석하여 민원 행정서비스를 개선하는 데 활용할 수 있다. 이는 민원 처리의 품질을 높이고, 민원인의 요구를 선제적으로 파악하여 대응하는 데 도움이 된다.

다른 한편으로는, 민원 처리에 관한 법률 시행령에 따르면 행정기관의 장은 대민 상담 또는 응대 창구에 내방한 민원인에 대한 안내 및 상담을 위하여 민원 처리에 관한 지식과 경험이 풍부한 소속 직원을 민원 상담인으로 지정하여 상담창구를 운영할 수 있게 되어 있다. 또한, 행정기관의 장은 민원인의 편의 증진을 위하여 민원 처리 관련 정보를 민원인에게 제공하여야 한다.

민원 만족도 조사와 평가 제도도 도입되었다. 행정안전부장관은 민원 처리의 질적 향상을 위하여 국민을 대상으로 행정기관의 민원 처리에 대한 만족도 조사를 할 수 있다. 이러한 조사 결과는 민원 처리 제도의 개선과 행정기관 평가에 반영될 수 있다. 이는 민원 처리의 책임성과 투명성을 높이는 데 기여하고 있다.

민원 처리 담당자의 역량 강화를 위한 교육과 지원 체계도 발전하였다. 행정기관의 장은 민원 처리 담당자의 업무 역량 강화를 위하여 교육과 훈련을 실시하고, 필요한 환경을 조성해야 한다. 특히, 디지털 전환 시대에 맞춰 민원 처리 담당자의 정보기술 활용 능력을 높이는 교육 프로그램이 중요해졌다.

고객이슈와 민원을 스마트하게 처리하는 데 인공지능, 빅데이터 기술을 활용한 민원 응대가 선보여지고 있다. 특히 민간에서 많이 이루어지고 있는데, 앞서 언급한 챗봇을 통한 기본적인 응대가 보편화되고 있다. 반복되는 민원이나 자주 발생하는 문제에 대해 선제적으로 대응하여 사소한 민원 발생 자체를 줄이는 방향으로 변화하고 있다.

하지만 민원의 디지털전환은 실시간 응대를 더욱 증가시켜 고객 이슈가 빨리 해결되지 않을 경우 불만을 고조시키는 역할을 한다. 결국 다양한 고객 응대에 있어, 디지털화는 막을 수 없는 대세이기에 기존보다 빠르고 투명한 고객 불만 응대에 기업, 기관 모두 대응책 마련이 필요하다.

실제 싱가포르 사례를 예로 들어본다. 'OneService App'은 싱가포르 정부가 국민의 생활 불편 사항을 간편하게 신고하고 해결할 수 있도록 만든 통합 민원 서비스 앱이다. 여러 정부기관에 분산되어 있던 생활 불편 신고 시스템을 하나의 앱에서 처리할 수 있도록 통합했다. 예를 들어, 도로 파손, 쓰레기 방치, 가로등 고장, 공공장소 관리 허술 등 문제가 발생하면 이 앱으로 사진과 위치 기반으로 신고가 가능하다. 2015년부터 실시해 온 서비스이기에 시민들의 접근성과 편의성 측면에서 매우 호평을 받고 있다. 하지만 접수와 처리 과정에서 자동화된 응답이 많아 대응이 만족스럽지 못하다 평도 존재한다. 또한 민원 접수는 잘 되지만 후속 관리와 피드백이 부족하다는 시민 의견도 존재한다. 이는 민원의 디지털 전환의 실질적인 장단점을 잘 보여주는 사례다.

　고객은 점점 더 빠르고 정확한 민원 처리를 원한다. 과거보다 민원 응대가 훨씬 더 정확하고 빨라졌지만, 고객의 눈높이도 그만큼 올라가고 있다. 고객의 눈높이에 맞춘 적정한 응대 노력이 지속 요구되는 이유다.

민원인 유형별로 대응하라

민원은 단순 문제 제기를 넘어, 고객의 성향과 감정을 반영하는 중요한 신호다. 기업이나 기관이 고객 불만을 효과적으로 처리하려면, 다양한 민원인의 유형을 이해하는 게 필수적이다. 민원인은 크게 네 가지 유형으로 분류할 수 있다.

소극적 민원인, 기회주의적 민원인, 공격적 민원인, 그리고 만성적 민원인으로 분류할 수 있다. 각각의 민원인 유형은 그 성격과 해결 방식이 다르므로, 이에 각각에 맞춘 대응 전략이 필요하다. 물론 공격적이면서 만성적인 민원인, 기회주의적이면서 공격적 민원인 등 2~3가지 결합한 형태의 민원인도 당연히 존재한다.

소극적 민원인 (Passive Complainant)

소극적 불만을 제기하는 민원인은 불만을 적극적으로 해결하려는 의도가 강하지 않다. 이들은 단순히 자신의 불편을 알리는 데 그치나, 직접적인 보상을 요구하지도 않고 문제 해결을 강하게 주장하지도 않는다. 종종 서비스나 제품에 대해 실망을 느끼지만, 이를 공식적으로 제기하기보다는 주변 사람들에게 조용히 이야기하거나 이용을 중단하는 방식으로 반응한다. 이러한 유형의 불만은 표면적으로 드러나지 않기 때문에 기업이 놓치기 쉽다. 그러나 장기적으로 고객 이탈의 원인이 될 수 있으므로, 정기적인 만족도 평가 및 해당 고객들과의 소통을 통해 이들의 목소리를 반영하는 것이 매우 중요하다.

기회주의적 민원인 (Opportunistic Complainant)

기회주의적 민원인의 경우 보상을 얻거나 개인적인 이익을 위해 불만을 제기하는 유형이다. 이들은 제품의 결함이나 서비스 문제를 실제로 경험했을 수도 있지만, 그보다도 보상이나 혜택을 극대화하는 데 초점을 둔다. 때로는 문제를 과장하거나 사실을 왜곡하여 기업이 금전적 보상, 교환, 또는 추가 서비스를 제공하도록 유도한다. 이러한 불만을 다룰 때는 객관적인 증거를 바탕으로 정당한 보상 기준을 설정하고, 무분별한 보상 지급을 방지하는 게 중요하다. 보상 요구가 반복되는지 확인할 필요가 있으며 동시에, 고객이 정당한 문제 제기를 했을 경우도 있을 수 있기에 주의해서 공정한 해결책을 제공해야 한다.

공격적 민원인 (Aggressive Complainant)

공격적으로 불만을 제기하는 민원인은 필요 이상으로 분노하거나 폭력적인 언어를 사용하는 경향이 있다. 감정이 격해진 상태에서 문제를 해결하려 하므로, 응대하는 사람들이 심리적 압박을 받을 수 있다. 이러한 고객은 때로는 서비스 제공자에게 모욕적인 말을 하거나 협박성 발언을 하기도 한다. 이 유형의 불만은 감정적인 요소가 강하기 때문에, 기업은 냉정하고 전문적인 태도로 대응해야 한다. 감정을 자극하는 언행을 피하고, 명확한 해결 방안을 제시하며, 회사 차원의 대응과 더불어 심각한 폭력이 예상되는 경우 해당 응대자를 보호하고 보안 인력을 활용하는 등 방법을 마련할 필요도 있다.

만성적 민원인 (Chronic Complainant)

만성적으로 불만을 제기하는 고객은 특정 서비스나 제품에 대해 반복적으로 불만을 제기하며, 때로는 이를 통해 스트레스를 해소하거나 불만 자체에 집착하는 예도 있다. 이들은 단순히 한 번의 불만을 넘어, 지속해서 유사한 문제를 제기하며 기업과의 소통을 반복하는 특징을 보인다. 이와 같은 불만은 기업의 고객 응대 자원을 과도하게 소모할 수 있으므로, 패턴을 분석하고 적절한 대응 전략을 수립하는 것이 중요하다. 필요할 경우, 해당 고객과의 명확한 가이드라인을 정해 경고를 가하는 등 더욱더 적극적인 응대가 필요할 수도 있다. 반복적인 불만이 기업의 정상적인 운영을 방해하면 일정한 한계를 설정하여 법적인 조치까지도 고려해야 한다.

각 불만 유형에 적절하게 대응하는 것은 기업의 서비스 질을 유지하는 데 필수적이다. 소극적 민원 고객에게는 사전적인 고객 만족도 조사를 통해 불만 사항을 파악하고 해결해야 하며, 기회주의적 불만 민원인에게는 공정한 보상 정책을 적용하여 부당한 요구를 차단해야 한다. 공격적인 민원을 제기하는 경우 냉정한 대응과 감정조절이 중요하며, 만성적 불만 고객에게는 합리적인 소통 기준을 설정하여 기업의 운영에 영향을 최소화해야 한다. 또한 이런 민원인의 유형이 실제로는 섞여서 존재하기에 단순하게 대응하면 안 된다. 최대한 민원인의 유형을 자세히 파악하고 대처해야 한다.

민원은 단순히 해결해야 할 문제가 아니라, 고객 경험을 개선하고 기업 신뢰도를 높이는 중요한 기회다. 민원인의 유형을 이해하고 상황에 맞는 대처를 할 때, 민원인을 직접 대하는 현장에서도 웃음꽃이 필 수 있다. 기업이 민원인의 각 불만 유형을 이해하고 체계적으로 대응할 때, 고객 만족도는 물론 장기적인 브랜드 신뢰도 또한 향상된다.

불만이 민원으로 커가는
단계를 이해하라

처음엔 단순하고 가벼운 질문처럼 보이던 불만이 어느 순간 폭력적인 악성 민원으로 번지는 경우가 있다. 민원이 생겨나는 시작점, 그리고 단계를 거쳐 민원이 하나의 사건으로 확대되는 과정을 구분하여 관찰하면 민원이 커지는 걸 억제할 수 있는 확률이 올라갈 수 있다. 심각한 민원을 겪고 나면 대부분 이런 생각을 하게 된다. '민원이 이렇게 심하기 전, 진작 이런 상황을 왜 몰랐을까?', '어디서부터 잘못된 걸까?', '민원이 발생한 초반에 제대로 응대했다면 이 문제를 더 쉽게 처리할 수 있었을 텐데…'

민원을 단계별로 구분해 보고 각 단계에서 해야 할 일과 주의해야 할 점들을 고려해 보자.

불만의 다양한 수준을 인식함으로써 개인과 기업은 민원이 커지기 전에 효과적으로 관리할 전략을 개발할 수 있다. 고객 불만은 일반적으로 '공유', '항의', '신고', '폭력'이라는 네 단계를 거쳐 발전한다. 각 단계의 특징을 자세히 살펴보자.

1단계: 공유

불만의 첫 번째 단계는 단순한 '공유' 단계다. 이 시점에서 고객은 반드시 화가 나거나 실망한 것이 아니라 단순히 의견이나 관찰을 표현하는 게 일반적이다. 가벼운 언급이나 간단한 질문과 요청 등을 고객이 하는 경우다.

예를 들면 이런 말이다. "여기 조명을 좀 더 밝게 해주실 수 있나요?", "오늘은 대기 시간이 조금 긴 것 같아요."

이 단계에서 개인은 단지 자기 생각을 전달한다. 고객을 맞이하는 우리는 고객의 표현을 듣고 상황을 이해하고 긍정적으로 반응하는 것이 중요하다. "물론입니다. 조명을 밝게 해 드리겠습니다." 또는 "기다려 주셔서 감사합니다. 속도를 높이기 위해 노력하고 있습니다."와 같은 간단하고 즉각적인 답변만으로도 불만족이 커지는 것을 방지할 수 있다. 하지만 이러한 문제점을 공유하는 고객의 태도를 단순한 질문이나 의견으로 받아들이면, 어느 순간 고객 불만이 '다음 단계'로 진화하게 된다. 단계를 거듭할수록 고객 불만은 커지고 나중에 이를 해결하기 위해서는 더 큰 노력과 시간이 투여된다. 따라서 '공유' 단계에서 가능한 한 많은 불만과 잠재된 민원을 파악해서 빠르게 조치할 부분은 빠르게 조치하고, 시간이나 노력이 들어갈 부분에 대해서 개선 시도를 해야 한다.

2단계: 항의

첫 번째 '공유' 단계에서 적절히 대응하지 않았기에 '항의' 단계로 발전된 상황이다. 물론 성격이 급하거나 상황이 심각하거나 인성이 좋지 못한 고객은 '공유' 단계를 거치지 않고 바로 '항의' 단계로 넘어와 표현하는 때도 있다. 여기서부터는 민원인이 어떤 상황에 대해 좌절과 분노를 적극적으로 감정을 실어 표현하기 시작하는 단계다. 불만에 대한 감정이 섞인 상태이기에 다소 과장될 수도 있고 비논리적일 수도 있다. 객관적인 사실과 감정이 섞여서 표출되는 단계다.

예를 들면, "여기는 항상 조명이 너무 어두워요. 너무 불편해요. 도대체 이야기해도 개선하지 않는 이유가 뭔가요!", "오랫동안 기다린 상태인데, 도대체 얼마나 더 기다려야 하나요? 설명도 없이 무작정 기다리라면 되는 건가요? 입장 바꿔 생각해 보세요!"

고객은 인상을 찌푸리거나 황당해하는 제스처와 함께 불만을 표출한다. 이 경우 먼저 고객의 불편에 대해 공감하고 고객이 언급한 내용을 인정하는 편이 좋다. 고객이 상황을 오해하고 있더라도 일단 인정하는 게 필요하다. 여기서 인정은 고객 불만에 그야말로 '공감'하란 이야기다. 왜냐하면 고객은 이미 불편하다는 생각이 머리끝까지 치고 올라온 상황이기에 그렇다.

실제 고객이 불편한 상황이기에 인정하라는 이야기고, 만약 상황에 대해 오해하고 있거나 즉시 조치가 가능하다면, 공감 후 오해임을 알리거나 즉시 조치하면 된다.

"조명 때문에 불편하게 해드려 정말 죄송합니다. 조명을 더 밝게 할 수 있는지 바로 검토해 보겠습니다.", "이렇게 지연되어 사과드립니다. 죄송합니다만 잠시 기다려 주시면 이후에 얼마나 더 걸릴지 확인해 보겠습니다." 와 같이 언급하여 고객 불만을 조금이라도 해소하려는 노력이 필요하다.

하지만, 이 단계부터는 고객의 불만을 해소하려는 시늉만 하거나 건성으로 듣는 척하고 실제 해결을 등한시한다면 엄청나게 큰 민원으로 번질 가능성이 있음을 주지해야 한다.

어떤 고객이 불만을 제기한다는 것은 해당 고객 외에도 더 많은 사람이 그렇게 불만을 여기고 있을 확률이 높고 그러한 불만이 우리가 하고자 하는 일에 방해가 될 수 있기 때문이다. 항의성 이야기를 들었다면 반드시 해당 안건에 대해 바로 해결하거나, 바로 해결이 어려우면 내부적으로 공론화해서 해결 가능한 방법을 따져보고 조치해야 한다. 적절한 조치를 하지 않는다면 다음 단계인 '신고' 단계로 넘어갈 수 있다.

3단계: 신고(환불 요구, 공식 민원 접수, 국민신문고, 소송 등)

고객이 항의까지 했음에도 불만족을 제대로 처리해 주지 않으면, 고객은 분노와 함께 왜 이 상황이 해결되지 않는지 의문을 품게 된다. 누구에게 책임이 있는지 적극적으로 질문한다. 그야말로 서비스나 제품에 대한 책임을 묻기 시작하는 단계다. 그리고 그 책임자에게 해결을 공식 요청한다.

문제를 방치한 기관이나 기업에게 공식적으로 민원을 접수하거나, 정부에서 운영하는 국민신문고에 내용을 올리거나, 소송을 거는 등의 조처를 한다.

고객이 본인의 시간을 할애해서 신고한다는 건 불만에 대한 조치가 이루어지는 것을 반드시 확인하고 싶다는 뜻이며, 다른 말로 하면 갈 때까지 한번 가보자는 심정으로 자신이 이 사안에 시간을 더 투입하겠다는 의지까지 실린 상태다.

예를 들면, "왜 조명이 항상 이렇게 어두운 건가요? 내가 비용을 지급했는데도 아무도 확인하지 않네. 서비스가 엉망이니 환불해 주세요! 환불해 주지 않는다면 소비자보호원에 신고하겠다. 다 필요 없다. 무조건 환불해 달라! 당신들은 자세가 썩어 문드러졌기 때문에 더 이상 소비자들이 가만히 있으면 안 된다. 정말 짜증 난다!", "너무 느려서 도저히 못 기다리겠네요. 여기까지 온 교통비와 기다린 시간이 너무 아깝네요. 예매한 거 취소해 주세요! 그리고 제가 여기서 정신적으로 피해 본 부분과 내 아까운 시간을 돈으로 보상해 주세요! 고객이 봉인가요! 정말 살다 살다 이런 대우를 받다니 화가 치밀어 오른다고!"

이 단계까지 이르면, 불만이 공식화된 상황이다. 이 상황은 고객도 문제지만 주최 측에도 바로 문제화된다. 행사가 제대로 진행되지 않을 수 있으며 때에 따라서 고객 다수가 집단으로 항의하는 사태도 벌어질 수 있다. 우리 회사에 금전적 손실이 생기거나, 이 문제 해결을 위해 많은 사람과 시간이 투여될 확률이 높다. 심지어 사람과 시간이 투여되어 문제가 해결되어도 회사 이미지가 타격을 입는 등 해당 민원으로 인한 여파까지 생길 수 있다. 고객의 불만은 일파만파 커져서 우리 회사에는 치명적인 상처를 준다. 따라서, 최대한 이 단계에 이르지 않도록 노력해야 한다. '신고' 사전 단계인 '항의' 단계에서 조치가 마무리되도록 해야 한다. '항의' 단계를 특정 사람의 불만으로 가볍게 여겼다가는 그야말로 쓰나미같이 두려운 상황이 우리 앞에 펼쳐질 수 있다. 즐겁게 일해도 모자랄 판에 공포와 근심으로 회사 생활을 하는 건 정말 최악이다.

4단계: 폭력

사실 이 단계는 굳이 언급하지 않아도 되지 싶다. 민원성 불만이 폭력으로 번지는 상황은 흔한 일은 아니기 때문이다. 하지만 요즘은 사회가 각박해지면서, 은둔형 외톨이도 있고 사이코패스 같은 사람도 있을 수 있기에 '폭력' 단계에 대한 대비가 필요하다. 예를 들어, KTX를 타면 듣게 되는 안내방송에선 고객이 직접 인지할 수 있게 폭력 행위에 대해서는 처벌을 받을 수 있다는 내용을 반복적으로 내보낸다. 폭력을 예방하고자 하는 목적이며, 실제 폭력을 행사하게 되면 처벌받음을 알려서 '항의' 단계에서 급작스럽게 '폭력' 단계로 넘어가지 않도록 하기 위함이다. 회사나 기관에서도 갑작스럽게 고객의 폭력 행위가 발생할 수 있는 환경에 근로자가 노출되어 있다면 민원인의 폭력 대응 매뉴얼을 고려해야 한다. 비상벨을 통한 안전요원 호출, 사내 긴급 방송 등 사전에 고객의 폭력에 대응 방법에 대해 고민해서 불상사가 생기더라도 피해를 최소화할 수 있도록 도모해야 한다.

각 단계가 갖는 의미는 매우 크다. COPQ라는 용어가 있다. Cost Of Poor Quality라는 말의 첫 글자로서, '고객에게 저품질을 제공한 실패 비용'이라는 의미다. 제조업을 예로 들어 설명하면 설계단계에서 불량 설계를 찾아내면 1의 비용으로 해결할 수 있고, 만약 생산을 시작한 후에 불량을 찾아내면 10의 비용으로 해결할 수 있으며, 고객에게 제품이 간 상태에서 불량을 찾아낸다면 100의 비용을 들여야 해결할 수 있다는 뜻이다. 단계별로 10배씩 비용이 더 들어간다는 개념이다. 민원의 단계도 거의 같다. 공유, 항의, 신고, 폭력 단계가 각각 10배씩 시간과 비용과 수고가 들어가야 해결된다고 봐도 과언이 아니다.

민원의 단계를 인지하고 진행 과정을 효과적으로 관리한다면 조기에 문제를 해결할 수 있다. 능동적인 경청, 공감적인 반응, 문제 해결 접근법은 불만을 효율적으로 관리하는 핵심이다.

조금이라도 앞 단계에서 불만 징후를 인식하고 적절한 조처를 함으로써 작은 불만이 중대한 문제로 발전하는 것을 방지하자. 오늘부터 고객이 공유하는 내용들을 잘 경청하자. 그리고 앞단의 단계일수록 적극적으로 응대하자. 우리가 노력하는 만큼 심각한 민원은 사라진다.

구성원 보호를 위한
가이드라인을 만들어라

최근 민원인의 폭언·폭행 등으로 인한 민원 응대자 피해가 지속적으로 발생하고 있어, 이들을 보호하기 위한 체계적인 가이드라인 마련이 시급한 상황이다. 정부는 지난 2022년 민원 처리 법령을 개정해 민원 응대자에 대한 기관장의 보호 의무와 각 기관이 의무적으로 행해야 할 보호 조치를 명시했고, 이에 따라 2023년부터 각 행정기관은 민원실에 CCTV, 비상벨, 안전 가림막 등 안전장치를 설치하고 안전요원을 배치하는 등 보호 조치를 이행하고 있다. 정부는 민원 응대자를 보다 근본적으로 보호할 방안을 담은 '악성민원 방지 및 민원공무원 보호 강화 대책'을 마련했고, 2024년 5월 2일 국무총리 주재 제38회 '국정 현안 관계 장관회의'에서 확정해 발표했다. 이 종합대책에는 아래와 같은 네 가지 방안이 포함됐다.

1. 악성 민원 사전 예방 및 조기 차단

전화로 민원인이 욕설·협박·성희롱 등 폭언을 할 경우 통화를 종료할 수 있도록 하고, 기관별로 통화 1회 권장시간을 설정해 부당한 요구 등으로 권장시간을 초과할 경우 이 역시 통화를 종료할 수 있도록 했다. 온라인 민원창구를 통해 단시간에 대량의 민원을 신청해 업무처리에 의도적으로 큰 지장을 준 경우 시스템 이용에 일시적인 제한을 두고, 방문의 경우에도 사전 예약제 등을 통해 1회 권장 시간을 설정하도록 했다. 통화와 마찬가지로 문서로 신청된 민원에 욕설, 협박, 성희롱 등이 상당 부분 포함되어 있다면 종결할 수 있도록 개선했고, 동일한 내용의 민원이 반복 제기되었을 때 종결할 수 있도록 한 현행 제도를 보완할 수 있도록, 동일한 내용인지 판단할 때 민원 취지, 배경의 유사성, 업무방해도 등을 종합적으로 고려하도록 했다. 또한, 부당하거나 과다하게 제기되는 정보공개 청구는 심의회를 거쳐 종결 처리할 수 있도록 법령에 근거를 마련하기로 했다. 현재 민간에서 대부분 시행하고 있는 것처럼, 민원 통화를 시작할 때부터 내용 전체를 녹음할 수 있도록 개선했다. 그리고 현재 행정기관 홈페이지 등에 공무원에 대한 개인정보(성명 등)가 공개되어 있어 개인정보 침해, 온라인 괴롭힘의 원인이 되고 있으므로, 기관별로 공개 수준을 상황에 맞게 조정하도록 권고했다.

2. 악성 민원 대응 및 피해공무원 보호

악성 민원은 기관 차원의 대응이 이루어지도록 악성 민원 전담 대응조직 중심의 대응 체계를 구축하도록 했다. 악성 민원인에 대한 직접적인 응대 또는 법적 조치, 피해공무원 보호를 위해 각 기관마다 전담 대응팀을 두도록 권장하고, 악성 민원 대응 · 처리 관련 상담과 악성 민원 해결을 위한 현장 조사 등을 담당하는 범정부 대응팀을 운영해 기관별 대응팀을 지원한다. 법령에 폭언, 폭행 등 민원인의 위법행위에 대해 기관 차원에서 법적으로 대응하는 것을 원칙으로 명시하고, 지자체 등 일선 기관에서 법적 대응 시 활용할 수 있는 상세 지침을 마련해 제공한다. 민원 응대자에 대한 보호 조치가 현행 법령상 의무화되어 있는 만큼, 실제 현장에서 충실히 이행되도록 관리한다. 각 기관이 매년 보호 조치에 대한 이행계획을 수립하고, 행정안전부가 민원 서비스 종합평가 등을 통해 이를 평가한다. 수사기관과 공조 체계를 강화해 비상 상황에 대응한다. 민원실 비상벨을 설치, 점검해 민원실과 경찰 간의 연락망을 강화하고, 위법행위로 공무원 피해가 발생한 경우 법 적용을 엄격히 해 나간다. 악성 민원으로 피해를 입은 사람이 회복하고 치유할 수 있는 충분한 시간을 부여하고, 회복과 치유를 위한 다양한 지원을 제공한다.

3. 민원 처리 개선 및 서비스 품질 제고

민원 처리 업무 여건을 개선한다. 전문성을 강화해 민원 서비스에 대한 국민 만족도를 높이고 악성 민원 발생 가능성을 낮춘다. 민원 서비스 품질 향상을 위해 기관별로 민원 현황 등을 분석해 기관 특성에 맞는 민원 제도 개선 방안을 마련하고, 관련 법령, 규정, 판례, 통계 정보 등을 정리, 제공하는 등 행정업무 지원을 위한 AI를 도입해 민원 공무원이 보다 수월하게 업무를 처리하도록 돕는다. 경험이 많은 공무원의 전문성을 민원 부서에서 활용하도록 하고 신규공무원에 대한 민원 대응 교육을 확대하는 등 민원 부서의 전체적인 역량을 강화한다. 민원창구에는 경력자를 우선 배치한다. 퇴직 공무원 사회공헌사업을 확대해 퇴직 공무원의 경험과 전문성을 민원 분야에 적극 활용한다. 또한 신규자 기본 교육 시 일반적 민원 응대 교육과 함께 실제 사례를 기반으로 한 체험형 교육을 도입해 현장 대응 역량을 높일 예정이다. 그 외 민원 부서의 고질적인 인력 부족 문제를 해결하기 위해 기관 내 인력수요 변화에 맞춰 민원 분야에 인력을 재배치하고, 시기별로 민원이 집중되는 시기에는 인력을 탄력적으로 운영하도록 관련 지침에 명시한다.

4. 민원 응대자 사기진작

민원 응대자의 처우를 개선하고 존중하는 사회적 인식을 형성해 응대자 스스로 자긍심을 가질 수 있도록 한다. 민원 응대자에게 인사상 혜택과 보호장치를 각각 제공한다. 민원 응대자가 승진 관련한 가점을 받을 수 있도록 민원 업무를 직무 특성 관련 가점 항목으로 명시하고 난이도, 처리량 등 담당한 민원 업무 특성에 따라 민원 수당 가산금을 추가로 지급한다. 민원 응대자가 악성 민원 대응 과정에서 징계 요구된 경우 민원인의 위법행위 여부 등 경위를 참작하고, 악성 민원으로 피해를 입은 사람은 필수 보직 기간 내에도 전보가 가능하도록 제도를 개선한다. 악성 민원 문제를 근본적으로 해결하기 위해 민원인과 민원 응대자가 상호 존중하는 민원 문화를 조성하고 민원 응대자에 대한 인식을 개선한다. 민원실 포스터, 배너 등을 통해 상호존중 필요성과 악성 민원의 폐해에 대한 메시지를 전파하고, 공익광고 등 다양한 홍보 수단을 활용해 민원 응대자만 아니라 우리 사회의 고객 응대 근로자에 대한 인식 개선을 추진한다.

이처럼, 공무원 중심으로 법적 제도적 민원 응대자 보호가 이루어지고 있다. 이러한 사회 분위기는 민원으로 불필요한 피해를 보고 있는 교사 및 민간에도 긍정적인 영향을 미칠 수 있겠다. 사회 전반에서 악성 민원에 대해 적극적인 대책 마련과 실행이 꼭 필요한 시점이다. 우리 회사에 맞게 악성 민원 대응을 위한 가이드라인을 만들어 보라. 이런 고민의 시작이 민원을 응대하는 우리 회사 구성원을 보호하는 첫 번째 발걸음이다.

법적 분쟁 소지에 대해 점검하라

비즈니스 환경에서 고객 불만과 민원은 불가피한 요소다. 그러나 이를 적절히 처리하지 못할 때 단순한 불만이 심각한 법적 문제로 확대될 수 있다. 대기업에는 법무팀이 반드시 존재한다. 하지만 다수의 중소기업에는 법무팀이 없다. 따라서 민원이 심각하거나 기존과 다른 새로운 일을 기획할 때는 법률적인 검토를 한 번씩 해볼 필요가 있다.

고객 불만 처리 과정에서 기업이 법적으로 고려해야 할 사항들과 효과적인 대응 전략은 매우 중요하다. '법적으로 문제 삼는 것'은 일반적인 민원 대응과는 다르게 봐야 하기 때문이다.

법적으로 문제 삼은 민원은 그 해결을 위해서는 비용과 시간이 많이 소요되기에 사전에 법적 소송으로 번지지 않도록 신경 써야 한다. 우선, 개인정보는 고객 관계에서 가장 민감한 부분이다. 기업은 고객의 개인정보를 수집, 저장, 처리하는 전 과정에서 투명성을 확보해야 한다. 특히 개인정보 수집 및 이용에 대한 명확한 동의를 받는 것은 법적 분쟁을 예방하기 위한 필수 조치다. 또한 고객이 자신의 개인정보에 대한 접근, 수정, 삭제를 요구할 권리가 있음을 인지하고 이에 신속하게 대응할 수 있는 체계를 갖추어야 한다.

마케팅 자료나 콘텐츠 제작 시 타인의 저작물을 무단으로 사용하는 것은 심각한 법적 분쟁을 초래할 수 있다. 항상 저작권 소유자의 명시적인 허락을 받아야 하며 사용 시에는 출처를 명확히 표시해야 한다. 또한 고객 불만의 상당수는 제품이나 서비스 실제와 광고가 달랐다는 점에서 비롯된다. 광고가 실물과 다를 경우 실물과 다른 콘텐츠임을 명확히 표시해야 하며, 제품 리뷰나 추천에 금전적 보상이 있었다면 이를 투명하게 공개해야 한다. 이러한 투명성은 소비자보호법상 요구되는 사항일 뿐 아니라, 기업 신뢰도 구축의 핵심 요소다.

제품이나 서비스에 대한 허위 정보나 과장된 정보 제공은 법적 책임을 초래할 수 있다. 모든 마케팅 자료와 제품 설명이 사실에 기반하고 있는지 꼼꼼히 확인해야 한다. 이는 고객 불만 예방의 첫걸음이다.

또한 고객과의 명확한 계약 조건 설정은 추후 발생할 수 있는 분쟁을 예방하는 핵심 요소다. 계약 내용을 명확히 하고 이를 철저히 준수함으로써 법적 리스크를 최소화할 수 있다. 특히 계약상 의무, 서비스 수준, 환불 정책 등을 명확히 문서화하고 고객이 이해하기 쉽게 설명하는 것이 좋다.

한번은 이런 일도 있었다. 대기업과 스타트업과의 협력을 지원하는 일을 최초로 추진할 때 대기업과 스타트업, 그리고 우리 기관이 3자 협약을 맺어서 협력을 도왔다. 시작할 때는 특별한 문제를 못 느꼈지만, 막상 대기업과 스타트업 간에 분쟁이 일자, 아무 상관 없는 우리 기관까지 포함되어 분쟁화되었다. 3자 협약을 맺었기에 소송 때마다 불려 갔다. 실제로는 우리 기관이 소송에 엮일 필요가 없는 데도 대응해야만 하는 상황을 겪었다. 이 사건 이후로는 절대 3자 협약을 하지 않는다. 핵심 당사자끼리만 협약한다.

만약 온라인 비즈니스를 운영하는 기업이라면 전자상거래법상 다양한 규제를 준수해야 한다. 이는 상품 정보 제공, 청약 철회, 배송 지연 보상 등 다양한 영역을 포괄하며, 이를 위반하면 행정처분이나 소비자 집단소송의 대상이 될 수 있다.

효과적으로 고객 민원에 대응하려면 법적 리스크를 줄여야 한다. 불만 접수 시스템을 구축하고, 신속하게 대응하며, 모든 커뮤니케이션을 문서로 만드는 것도 중요하다. 특히 불만 처리 과정에서 고객의 개인정보를 보호하고, 정확한 정보만을 제공하며, 약속한 사항은 반드시 이행해야 한다.

정부 지원사업에 지원한 사람들이 발표평가를 통해 최종 선발되는 과정을 진행 중이었다. 심사위원 7명 앞에서 순차적으로 창업자들이 발표했다. 아무런 특이 사항이 없었다. 그런데 한 달 정도 지나서 선정된 스타트업 여성 대표가 갑자기 우리에게 연락을 해왔다. 그리고 우리한테 항의성 민원 제기를 했다.

무슨 이야기인지 자초지종을 들어보니, 발표평가 할 때 심사위원 중의 한 명이 심사 후 며칠 지나 이 여성 대표 회사에 투자하겠다고 연락을 해왔다고 한다. 그러고는 몇 번 만났는데 어느 순간부터 밤에 만나자고 하는 등 의도가 불순해 보였다고 한다. 도저히 안 되겠다 싶어 이 여성 창업자가 우리에게 연락을 해온 상황이었다.

정말 상상도 못 할 일이 벌어졌다. 일단 우리는 해당 심사위원이 누구인지 확인했고 어떻게 해서 이 발표자의 연락처가 유출되었는지 전후를 따져보았다. 이상하게도 우리는 발표자의 개인정보를 심사위원에게 노출한 적이 없다. 도대체 어떻게 그 여성 창업자의 전화번호를 알아냈을까? 나중에 알게 되었는데 여성 창업자가 발표한 PPT 맨 마지막 페이지에 이메일이 적혀 있었고, 이것을 심사위원 중 한 명이 메모해서 이 여성 창업자에게 이메일을 보낸 상황이었다.

　이 사건은 우리가 준비한 자료에서는 개인정보 유출이 없었지만, 발표자 본인이 만든 자료로 인해 메일 주소가 유출돼서 벌어진 일이었다. 결국 우리가 섭외한 심사위원이 사적으로 연락한 상황이기에 우리도 책임이 있었다. 이날 이후로 우리가 만든 자료만 아니라 모든 발표자료에 개인정보가 없는지 확인하고 있다. 개인정보는 절대 유출되지 않도록 관리해야 한다.

　현대 비즈니스 환경에서 법적 리스크 관리는 선택이 아닌 필수 요소이며, 이는 기업의 지속 가능한 성장을 위한 기반이다.

민원 제로 비밀 노트

이제 법으로 '민원을 제기하는 사람'과 '민원을 응대하는 사람' 모두의 인권을 관리합니다. 악성 민원의 발생은 양쪽 모두에게 좋지 않습니다. 작은 불만이 악성 민원으로 커지지 않도록, 대응 시스템과 가이드라인에 대해 점검해야 합니다. 악성 민원의 피해를 줄이기 위해 법적인 리스크를 꼭 살펴봐야 합니다.

❶ 민원은 이제 정부 차원의 법으로도 관리되고 있다.

❷ 민원의 디지털화로 인해 더욱더 빠른 응대와 대응 시스템이 필요하다.

❸ 민원인의 유형을 파악하고, 유형에 맞는 적정한 응대 방법을 취하라.

❹ 작은 불만이 악성 민원으로 커가는 과정을 이해하라.

❺ 악성 민원을 대하는 가이드라인을 우리 회사에 맞게 도출하고 실행하라.

❻ 민원으로 인한 법적 분쟁은 피해가 막심하다. 민원에 대한 법적 분쟁 소지에 대해 반드시 파악하라.

민원 제로를 만드는
근본적 대응법

–

"민원에 대한 근본적 이해를 통해,
악성 민원 제로를 현실로 만들어 봅시다!"

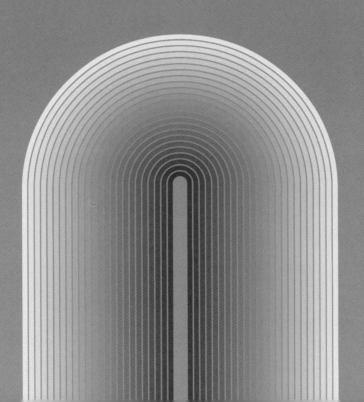

고객에게 먼저 질문하라

비즈니스 세계에서 가장 중요한 자산은 무엇일까? 최첨단 기술도, 혁신적인 제품도, 화려한 마케팅도 아닌 바로 '고객'이다. 나는 스타트업을 지원하는 업무를 하면서 의외로 스타트업 중에 고객보다 기술이나 제품을 중요시하는 경우를 보게 된다. 이 경우 사업이 잘될 리 만무하다. 우리 회사의 제품이나 서비스를 이용하는 '고객'이 비즈니스의 지속성을 위해서는 가장 중요하다. 우리가 제공하는 서비스나 제품에 대해 고객이 어떻게 생각하는지 알고 있다고 확신하는가? 많은 기업이 이미 고객의 니즈를 충분히 파악하고 있다고 믿지만, 현실은 다르다. 고객의 기대와 인식은 끊임없이 변화하며, 우리가 제공하는 서비스나 제품의 품질과 대응력 역시 시시각각 달라질 수 있다.

예를 들어, 같은 레스토랑을 방문하더라도 날마다 음식의 맛과 서비스 품질이 달라질 수 있다. 직원의 컨디션, 재료의 신선도, 주방의 상황 등 수많은 변수가 존재하기 때문이다. 이처럼 우리가 제공하는 서비스나 제품도 일관된 품질을 유지하기 어렵다. 따라서 고객에게 주기적으로 피드백을 요청하는 것은 품질 관리의 필수 요소라 할 수 있다.

고객에게 물어보는 것은 단순히 정보를 수집하는 행위를 넘어선다. 이는 우리가 고객의 의견을 중요하게 생각한다는 메시지를 전달하는 방법이다. "우리 서비스에 만족하시나요?", "개선되었으면 하는 점이 있으신가요?"와 같은 간단한 질문으로도 고객은 자신이 중요한 존재임을 새삼스레 인식하게 된다.

귀찮아서 묻지 않는 때도 있지만, 때로는 불만족스러운 피드백을 받는 것이 두려워 질문을 회피하기도 한다. 하지만 부정적인 피드백은 성장을 위한 소중한 기회다. 고객이 불만을 표현했을 때, 이를 진지하게 받아들이고 개선하려는 노력을 보인다면 오히려 고객 충성도는 높아질 수 있다. 고객에게 지속적으로 물어보는 과정은 자연스럽게 라포(rapport)를 형성한다. 라포란 상호 신뢰와 이해를 바탕으로 한 친밀한 관계를 의미한다. 고객과 라포가 형성되면 단순한 거래 관계를 넘어 진정한 파트너십이 구축된다.

예를 들어, 단골 카페에서 바리스타가 "오늘은 어떤 일이 있으셨나요?"라고 물어본다면, 우리는 그곳에 더 자주 방문하게 될 것이다. 이처럼 고객과의 소통은 단순히 제품이나 서비스에 관한 피드백을 얻는 것을 넘어, 고객이 우리 브랜드와 감정적 유대감을 형성하는 데 도움을 준다.

라포가 형성된 고객은 단순한 피드백을 넘어 창의적인 아이디어까지 제공해 준다. 많은 혁신적인 제품과 서비스가 고객의 제안에서 출발했다는 사실을 기억해야 한다. 실제로 글로벌 기업들은 고객 참여형 혁신 플랫폼을 운영하며 고객의 아이디어를 적극적으로 수용하고 있다.

고객은 실제 사용자로서 우리가 미처 발견하지 못한 문제점이나 개선 가능성을 발견할 수 있다. 이러한 인사이트는 내부 전문가들의 시각만으로는 얻기 어려운 귀중한 자산이다. 따라서 고객의 목소리에 귀 기울이는 것은 단순한 서비스 개선을 넘어 비즈니스 혁신의 열쇠가 될 수 있다.

그렇다면 어떻게 고객과의 소통을 강화할 수 있을까?

첫째, 다양한 피드백 채널을 마련해야 한다. 설문조사, 소셜미디어, 고객센터, 직접 대화 등 고객이 편리하게 의견을 전달할 수 있는 환경을 조성해야 한다.

둘째, 피드백에 신속하게 대응해야 한다. 고객의 의견을 수집하는 것만으로는 부족하다. 이를 분석하고 실제 개선으로 이어지는 체계적인 프로세스가 필요하다. 특히 부정적인 피드백에는 더욱 신속하게 대응하여 문제 해결의 의지를 보여주어야 한다.

셋째, 고객 피드백을 기업 문화에 통합해야 한다. 고객의 목소리는 마케팅 부서만의 관심사가 아니라 전사적인 핵심 가치로 자리 잡아야 한다. 모든 직원이 고객 중심적 사고를 갖출 때 진정한 변화가 시작된다.

비즈니스는 결국 사람과 사람 사이의 관계다. 우리가 제공하는 제품이나 서비스가 아무리 뛰어나도 고객과의 진정한 소통이 없다면 지속 가능한 성공을 이루기 어렵다. '고객에게 답이 있다.'라는 말은 단순한 슬로건이 아니라 비즈니스의 본질을 담고 있는 진리다.

고객과 끊임없이 소통하고, 경청하고, 행동으로 옮기는 기업만이 급변하는 시장 환경에서 살아남을 수 있다. 오늘부터 고객에게 한 가지 질문을 더 해보자. 그 작은 변화가 우리 비즈니스의 미래를 바꾸는 시작점이다.

작은 불만과 물음에 귀 기울여라

고객의 불만은 때론 작은 불씨에서 시작되어 순식간에 큰 화염의 재앙으로 번질 수 있다. 겉으로 보기에 사소해 보이는 불만이나 가벼운 문의 사항에 대해 제대로 된 응대를 하지 못하면, 예기치 못한 큰 갈등으로 발전할 수 있다. 그러나 대응 초기에 적절한 소통과 이해, 그리고 필요한 경우 진심 어린 사과로 대응한다면, 문제의 대부분은 큰 어려움 없이 해결된다.

대민 업무를 수행하는 과정에서는 언어적 소통뿐만 아니라 비언어적 요소까지도 중요하게 작용한다. 말투나 어조는 물론, 작은 몸짓이나 표정까지도 민원인의 감정에 영향을 미칠 수 있다. 이러한 맥락에서 초기 불만 징후를 민감하게 포착하고 적절히 대응하는 것이 매우 중요하다.

실제 정부 지원사업에서 미선정된 스타트업이 보내온 메일

안녕하세요. ██████의 ██대표입니다.
저희가 미선정 된 사유를 알 수 있을까요? 미선정 사유의 내용을 서면으로 알려주십시오.
현재, 저희 솔루션으로 해외 수출, 국내 유수한 기업과 논의 등으로 아래처럼 사업 확장이 되고 있는데, 납득이 안되어서 여쭤봅니다.

** 아 래 **
1. AI 기술을 활용한 4차 산업 전문 ████████
   출처 : AI 기술을 활용한 4차 산업 전문 █████████████   https://www █████████████
2. 전자신문 보도 뉴스 :
   출처 : https://m.etnews.com/202 ████████
3. 해외수출 (2024년 5월 진행): 발표시에 보고했던 것처럼, 프랑스에 수출을 하였습니다.
4. 해외수출 (2024년 6월 진행): 발표시에 보고했던 것처럼, 싱가포르에 다음주에 수출을 진행합니다.
5. ████████ 등 국내 자동차 회사 ; 해당 기술로 국내 및 해외 지사에 저희 솔루션을 토대로 논의 중에 있습니다.
6. ████████계약 완료 및 프로젝트 진행 :
7. ████████기술원 ████과 논의 중 내용 : ████████ 이미지 사진 및 딥러닝 기술을 활용한 사업 추진 논의 및 AI강연 (6월 진행)
감사합니다.

이 메일은 내가 받은 실제 메일이다. 내용을 요약하면, 해당 스타트업이 기술적으로 우수해 다양한 성과를 내고 있는데도 불구하고 정부 지원사업에서 미선정된 사유가 이해되지 않아 서면으로 회신해 달라는 내용이다.

어찌 보면 평범한 메일처럼도 보인다. 당연히 탈락 사유를 물어볼 수도 있다고 생각해서 대강 응대할 수도 있다.

하지만, 본인들의 성과를 일목요연하게 요약 정리해서 표현했고, 서면으로 미선정 사유를 알려달라고 한 점, 선정이 안 된 게 납득이 안 된다고 표현한 점을 종합해 본다면, 우리가 이 이메일에 대한 회신을 어떻게 하느냐에 따라 큰 민원으로 번질 수도 있고, 아니면 여기서 문의가 종료될 수도 있겠다는 생각이 들었다.

나는 이 스타트업의 사업계획서를 우선 확인했다. 그리고 심사위원들의 심사평도 살펴봤다. 여러모로 사업계획서를 들여다보니 나름 괜찮게 사업을 하고 있다고 생각되었다. 하지만 일부 심사위원이 높은 점수를 주지 않아 선발이 안 되었던 상황이다. 이 스타트업에게 특별한 문제가 있는 게 아니라, 다른 스타트업이 더 우수해 보여서 이 회사가 선정 안 된 상황이었다.

이 스타트업 대표에게 전화를 걸었다. 그리고 상황을 설명했다. 사업 내용에 문제가 있어서 선발되지 못한 것이 아니라 상대적으로 더 우수해 보이는 스타트업이 선정된 상황으로 봐달라. 이번에 우수한 지원자가 몰린 것 같다 등등 나름 정성껏 설명했더니 알겠다고 했고 자세히 상황을 설명해 주어 감사하다고 하며 전화를 끊었다. 이후로 이 사람에게 메일이나 전화 등 어떠한 추가 문의나 항의는 없었다.

스타트업 입장도 이해가 간다. 특히 사업이 잘되어 여러 정부 지원사업에 선정되거나 좋은 성과가 나오는 때에 본인들이 생각했을 때 당연히 선정될 것 같은 사업에서 탈락 안내를 받으면 심정이 어떨까? 당연히 화나고 이해가 안 될 것이다. 탈락 사유가 궁금하면서도 '혹 심사에 문제가 있지 않았을까?'라는 의구심을 가질 수 있다. 하지만, 나같이 정부 지원사업을 운영하는 운영자 측면에서 본다면, 엄정하고 공정하게 스타트업을 선발하고 있으며, 정부 지원사업에서 선정되려면 운도 따라야 한다고 말하고 싶다.

　심사위원 중에 해당 스타트업의 사업을 잘 이해하는 사람이 많으면 많을수록 그 스타트업에게 이롭다. 반대로 심사에 참여한 심사위원 중에 해당 스타트업의 사업 우수성을 알아보지 못하는 심사위원이 많다면 우리는 선발되지 않을 확률이 높아진다. 또한 본인이 지원한 정부 지원사업에 우수한 스타트업이 얼마나 많이 지원했느냐도 중요한 변수다. 이상하게 해당 스타트업이 지원한 사업마다 높은 경쟁률과 우수 스타트업이 가득 지원했다면 해당 스타트업이 선발될 확률은 낮아질 수밖에 없다. 선발 여부는 생각 이상으로 다양한 변수 속에 확정된다. 현재 정부 지원사업에서는 스타트업을 선정하는 과정이 불공정하지 않도록 여러 방지책을 도입하여 운영하고 있고, 또한 심사위원도 자격 검증을 지속하고 있는바 심사위원을 탓하거나 불공정성을 의심하는 건 생각 이상으로 소모적 논쟁이다.

　심사의 불공정 관련해서 민원을 제기하는 사람들에게 내가 꼭 하고 싶은 말이 있다. 공공기관이 정부 지원사업을 고객에게 불법적이고 편법으로 운영하는 경우는 생각보다 찾기 힘들다는 점이다. 직접 해당 일을 하는 처지에서 내가 꼭 언급하고 싶은 내용이다.

이번엔 대민 업무를 하는 사람의 입장에서 바라보자. 일반적으로 합리적인 사고를 하는 사람들은 처음부터 강한 불만을 표출하지 않는다. 대부분은 자신의 불편함이나 불만을 부드러운 질문의 형태로 표현하는 게 보편적이다. 이러한 초기 단계의 소통을 어떻게 다루느냐가 향후 민원 처리의 방향을 결정짓는 중요한 요소가 된다.

나의 경우, 정부 지원사업을 운영하면서 이러한 상황을 자주 경험한다. 앞에서 언급했던 사례처럼 스타트업 선정 과정에서 불가피하게 발생하는 미선정 결과를 통보할 때면 항상 긴장감이 고조된다. 미선정된 기업들의 반응은 다양한데, 즉각적으로 강한 불만을 표출하는 경우도 있지만, 정중하게 미선정 사유를 문의 해오는 경우도 많다. 정중한 문의가 들어오면 오히려 더욱 신중히 대응한다. 때로는 내면의 큰 불만을 억제한 채 우리의 대응을 시험해 보려는 의도일 수도 있기 때문이다. 이런 상황에서 나는 가능한 한 직접 소통을 선호한다. 이메일로 문의가 들어와도 전화로 답변하고, 그래도 부족하다면 직접 만남을 가진다.

심사를 통해 확정된 결과를 임의로 변경할 수는 없다. 하지만 미선정된 기업의 상황을 이해하고, 그들에게 도움이 될 만한 다른 지원사업을 안내하거나, 현재의 어려움을 경청하는 것만으로도 큰 의미가 있다. 고객이 미선정되었다고 항변하고 설명하는 이러한 과정에서 얻는 다양한 통찰은 향후 사업 운영에도 귀중한 피드백이 되며, 해당 스타트업을 돕기 위한 아이디어를 모으는 과정은 우리에게도 그렇고 해당 스타트업에게도 그렇고 모두에게 도움 된다.

작은 불만과 질문에도 진심으로 귀 기울이는 자세는 결국 고객에 대한 깊은 이해로 이어진다. 이러한 이해를 바탕으로 한 소통은 악성 민원의 발생을 예방하는 가장 효과적인 방법이다. 고객을 생각해서 고객에게 도움 되도록 고민하고 소통하는 시간은 고객 입장에서는 너무나 감사하고 고마운 시간이다.

결국 민원 처리의 핵심은 고객에게 도움 되도록 초기부터 세심하게 대응하는 것이다. 작은 신호에도 민감하게 반응하고 진정성 있게 소통하라.

불만에 대한 첫 응대가 중요하다

민원 응대는 많은 기관과 기업에서 피할 수 없는 업무 중 하나다. 특히 민원인과의 첫 대면은 이후 민원 처리 과정 전체에 영향을 미치는 중요한 순간이다. 적절한 첫 응대는 민원 해결을 원활하게 하며, 기관과 민원인 모두에게 긍정적인 결과를 가져올 수 있다. 반면, 부적절한 첫 응대는 상황을 악화시키고 민원 처리 과정을 불필요하게 복잡하게 만들 수 있다.

심리학적 관점에서도 첫인상은 이후 관계 형성과 상호작용의 기반이 된다. 민원 응대에서도 마찬가지다. 첫 대면에서 민원인이 느끼는 감정과 인상은 이후 협조 정도와 만족도에 크게 영향을 미친다. 첫 응대에서 민원인은 자신의 불만이나 요구사항이 진지하게 받아들여지고 있는지, 존중받고 있는지를 판단한다. 이 판단에 따라 민원인의 태도와 협조 의지가 달라질 수 있다. 따라서 담당자는 첫 응대에서 민원인의 이야기를 경청하고, 공감하며, 전문적인 태도를 보여주는 것이 중요하다.

앞서 3장에서 언급한 민원인의 유형별로 효과적인 첫 응대법을 알 필요가 있다. 물론 민원인이 어떤 유형의 민원인인지 처음부터 알 수 없으므로 대화하면서 파악해야만 한다.

먼저, '소극적 민원인'은 자신의 불만이나 문제를 표현하는 데 어려움을 느끼는 경우가 많다. 이들은 자신의 요구사항을 명확히 표현하지 못하거나, 불편함을 느끼면서도 이를 적극적으로 제기하지 않는 경향이 있다. 이런 민원인은 말하기 편안한 환경을 만들어 주는 것이 중요하다. 밝고 친절한 인사로 시작하고, 민원인이 자신의 이야기를 충분히 할 수 있도록 배려해야 한다. 소극적인 민원인이 자신의 의견을 충분히 표현하지 못할 수 있으므로, 적절한 질문을 통해 민원 내용을 구체화하도록 도와야 한다. 본인의 불만을 표현하는 데 시간이 걸릴 수 있으므로, 서두르지 않으면서 이야기 나누는 게 좋다. 주의할 점은 빠른 응답이나 결정을 요구하면 민원인이 위축될 수 있으므로, 편안한 대화를 유도하며, 소극적인 태도를 보인다고 해서 그 민원의 중요성이 낮다고 판단해서는 안 된다. 어떤 불만이 얼마나 심각한 문제로 커질지 알 수 없기에 불만을 언급하는 사람의 말을 경청해야 한다.

두 번째는 의도적 이익을 추구하려는 민원인에 대한 응대법이다. 일부 민원인은 불만을 제기해 부당한 이익을 얻으려는 의도를 가지고 있을 수 있다. 이들은 문제를 과장하거나, 규정과 정책의 허점을 이용하려 하거나, 때로는 보상이나 특별한 처우를 요구한다. 이런 유형의 민원인을 만나게 되면, 첫 응대에서부터 관련 규정과 절차를 명확히 안내하여 비현실적인 기대를 관리해야 한다. 감정에 호소하는 내용보다는 객관적인 사실과 증거를 중심으로 대화를 끌어 나가면 좋다. 정중하고 전문적인 태도로 응대하면서도, 규정과 원칙에서 벗어나지 않는 단호함을 보이는 것이 좋다. 주의할 점은 민원인의 의도를 알아차렸더라도 감정적으로 대응하거나 적대적인 태도를 보이면 안 된다. 모든 담당자가 같은 정보와 방침으로 일관되게 응대하는 것도 매우 중요하다. 담당자마다 다른 답변을 제공하면 민원인이 이를 악용할 수 있다. 또한 주요 대화와 약속, 결정 사항을 명확히 기록하여 추후 오해나 분쟁을 예방하는 것이 필요하다. 의도적 이익 추구 민원인을 대할 때는 규정과 원칙을 지키되 첫 응대에서부터 명확하고 투명한 소통을 통해 오해의 소지를 줄이면 좋다.

세 번째로는 공격적 민원인을 응대하는 방법에 관해 이야기해 보자. 공격적인 민원인은 화를 내거나, 목소리를 높이거나, 때로는 위협적인 행동을 보인다. 이런 유형의 민원인은 외형적으로 명확히 구분된다. 공격적인 민원인을 만날 때 첫 응대 방법은 민원인의 감정에 휩쓸리지 않고 침착하게 대응하는 것이 중요하다. 낮고 차분한 목소리로 대화를 이어 나간다. "불편함을 느끼셨다니 정말 유감입니다."와 같이 민원인의 감정을 인정하고 공감하는 표현을 한다. 민원인의 행동이 위협적이라면, 동료나 보안 담당자의 도움을 요청하는 등 안전을 우선시하는 대응 프로토콜을 준비해야 한다. 존중받는 대화가 이루어져야 함을 정중하게 알리고, 필요시 대화를 잠시 중단할 수 있음을 안내한다. 주의할 부분은 민원인과 감정적으로 대립하거나 논쟁하는 상황을 만들지 않는 것이 좋다. 민원인의 공격적 태도를 개인적인 공격으로 받아들이지 않고, 상황에 대한 반응으로 이해하고 응대하고, 민원인이 실제로 폭력적 행동을 보인다면, 위에서 언급한 대응 프로토콜에 따라 즉시 조처를 해야 한다. 공격적 민원인을 대할 때는 첫 응대에서부터 상황을 진정시키는 것이 중요하다. 감정을 인정하고 공감하면서도, 명확한 경계를 설정하여 공격성은 누그러뜨리고 불만 자체에 관해 이야기할 수 있도록 유도해야 한다.

마지막으로 상습적 민원인에 대한 응대법이다. 상습적 민원인은 반복적으로 같거나 비슷한 문제에 대해 민원을 제기하는 경우다. 이들은 이전 해결책에 만족하지 못하거나, 지속적인 관심을 원하거나, 또는 시스템 내에서 무언가를 변화시키고자 하는 때도 있다. 첫 응대 방법으로 민원인의 이전 민원 이력을 확인하여 상황을 파악하여야 한다. 대화가 되지 않는 막무가내 민원인이 아니라면, 이전과 다른 새로운 관점에서 문제를 바라보고 해결책을 모색해 봐야 한다. 현시점에서 무엇이 가능하고 무엇이 불가능한지에 대해 안내하는 것이 좋다. 주의할 점으로는 과거 이력에 기반한 선입견을 품고 대하면 민원인은 이를 감지하고 더욱 불만을 표출할 수 있다. 또한 반복되는 민원이라고 해서 중요성을 낮게 평가하거나 소홀히 대하면 안 된다. 물론 말도 안 되는 민원을 반복적으로 제시한다면 그건 회사 차원의 대응으로 한 단계 대응 수위를 상향할 필요가 있다. 민원 처리 과정에서 명확한 종결점을 설정하고, 더 이상의 조치가 어려운 경우 그 이유를 설명해 준다. 상습적 민원인을 대할 때는 인내심을 가지고 각 민원을 개별적으로 다루되, 체계적인 접근 방식을 유지하는 것이 중요하다. 첫 응대에서부터 일관성 있고 명확한 정보를 제공하여 오해의 소지를 줄여야 한다.

　　모든 유형의 민원인을 대할 때 공통으로 적용할 수 있는 효과적인 첫 응대 원칙은 민원인의 말을 중간에 끊지 않고 끝까지 듣기다. 가장 기본적이면서도 중요한 원칙이다. 민원인은 자신의 이야기가 제대로 전달되고 이해되기를 원한다. 적극적으로 경청하면서 중요한 내용은 메모하고, 필요시 질문을 통해 민원인의 요구사항을 명확히 파악해야 한다. 또한 민원인의 감정과 상황에 공감하는 것은 신뢰 관계 형성에 중요하다. "그런 상황이었다면 저도 불편했을 것 같습니다."와 같은 표현을 통해 민원인의 감정을 인정하고 공감하면 좋다. 단, 과도한 감정이입은 객관성을 잃을 수 있고, 무조건 민원인의 요구에 맞장구를 치다 보면 우리가 잘못을 인정했다고 생각해 더욱 큰 민원으로 번질 수 있기에 과하지 않은 공감이 필요하다.

불확실한 내용에 대해서는 추후 확인 후 답변하겠다고 정직하게 말하는 것이 좋다. 실현 불가능한 약속은 피하고, 현실적인 기대치를 설정하려 노력해야 한다. 민원 내용에 대한 전문적인 지식과 이해를 바탕으로 응대해야 한다. 관련 규정, 정책, 절차에 대해 충분한 이해를 갖추고, 필요시 전문 용어를 알기 쉽게 설명할 수 있어야 한다. 전문성은 민원인에게 신뢰감을 준다. 모든 민원인을 동등하게 존중하고 일관된 태도로 대해야 한다. 민원인의 사회적 지위, 외모, 말투 등에 따라 응대 방식을 달리하면 차별로 인식될 수 있다. 공정하고 일관된 태도는 기관의 신뢰성을 높이는 데 큰 역할을 한다.

모르는 사람과의 첫 만남, 생각만 해도 어색하다. 그렇지만 임무가 그러하기에 민원인을 대하는 사람들은 당연한 직무로 인식하고 민원인을 대할 수밖에 없다. 그렇다고 해서, 절대 개인의 응대 스킬과 요령에만 의존하면 안 된다. 민원인을 만날 때 처음부터 마지막까지 노련한 응대를 해야 한다.

이럴 때 가장 중요한 부분이 효과적인 첫 응대다. 민원 해결 과정 전체의 기초가 되며, 민원인과의 관계 형성과 만족도에 큰 영향을 미친다. 소극적 민원인에게는 편안한 환경을, 의도적 이익 추구 민원인에게는 명확한 규정 안내를, 공격적 민원인에게는 침착한 대응을, 상습적 민원인에게는 체계적인 접근을 통해 첫 응대에서부터 효과적인 소통의 장을 마련하도록 하자.

이미 발생한 민원에는 냉철하게 임하라

민원이 발생하지 않도록 미리 예방하는 게 중요하다. 하지만 이미 발생한 민원은 어떻게 하면 좋을까?

소극적 민원인이 제기한 민원은 대화를 통해 차근차근 수습해도 큰 어려움이 없을 수 있다. 하지만 공격적 민원인이나 만성적 민원인을 대하는 건 정신적 스트레스를 포함하여 자칫 잘못하다가는 업무 마비 상태까지 올 수도 있다. 따라서, 공격적 민원이나 만성적 민원이 발생한 것을 인지했을 경우, 당황하지 말고 냉철하게 임해야 한다.

나에게도 한 달가량 고생하게 만든 민원이 있었다. 시작은 다음에 나오는 이메일을 받고부터였다. 실제 민원을 제기한 스타트업에서 보내온 메일이다.

스타트업 대표가 나에게 실제로 보낸 메일

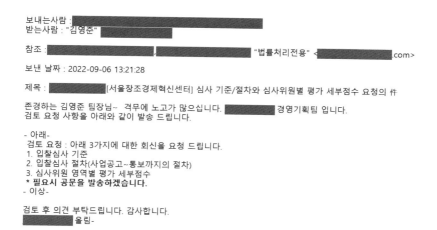

보내는사람 : ███████████████████████
받는사람 : "김영준" ██████████████

참조 : ██████████████, ██████████████ "법률처리전용" <███████████.com>

보낸 날짜 : 2022-09-06 13:21:28

제목 : ████████ [서울창조경제혁신센터] 심사 기준/절차와 심사위원별 평가 세부점수 요청의 件

존경하는 김영준 팀장님~ 격무에 노고가 많으십니다. ████████ 경영기획팀 입니다.
검토 요청 사항을 아래와 같이 발송 드립니다.

- 아래 -
검토 요청 : 아래 3가지에 대한 회신을 요청 드립니다.
1. 입찰심사 기준
2. 입찰심사 절차(사업공고~통보까지의 절차)
3. 심사위원 영역별 평가 세부점수
* 필요시 공문을 발송하겠습니다.
- 이상 -

검토 후 의견 부탁드립니다. 감사합니다.
████████ 올림-

무심코 보면 정상적으로 문의하는 메일처럼 보인다. 존경한다는 둥, 격무에 노고가 많다는 둥. 하지만 자세히 보면 메일 참조인에 '법률처리전용'이라는 메일주소가 포함되어 있고, 입찰 심사 기준, 입찰 절차, 심사위원 영역별 평가 세부 점수를 요구하는 등 예사롭지 않다. 이 메일을 시작으로 거의 매일 이 이슈로 시간을 보냈던 것 같다.

우선 우리 기관에 도움을 주고 계신 우리가 신뢰하는 변호사님께 본 메일을 전달하고 관련 상담을 진행했다. 변호사께서는 민원을 제기한 회사에서 연락이 오면 녹음 녹취를 할 확률이 높기에 절대 감정적으로 대하지 말라고 했고, 입찰 진행 시 실제 문제가 있었냐고 해서, 특이점 없이 무난히 진행되었다고 답했다. 변호사님하고 통화하고 나니 일단 안심이 되었다. 긴장하지 말고 담대하게 응대해야겠다고 마음먹었다.

이후 우리 담당자가 해당 스타트업에 전화를 걸어 입찰 탈락 결과를 받아들이기 어려운 상황이냐고 물어봤다. 그랬더니 소송을 준비하고 있다고 답했다. 우리는 의아해하면서도 놀랐다.

딱히 문제가 없었음에도 뭔가 단단히 오해하고 있는 부분이 있는 것 같았다. 구체적으로 입찰 탈락 결과를 받아들이지 못하는 사유를 다시 한번 확인해 봤다. 그들은 해당 입찰을 심사했던 심사위원들의 자질에 문제가 있다고 판단하고 있었고, 본인들이 매우 잘 입찰 준비를 했기 때문에 입찰에 떨어진 결과가 도저히 이해되지 않는다고 했다. 일단 우리 담당자가 심사위원들이 대기업 현업 전문가였고 입찰에서 선정된 기업이 입찰 준비를 상대적으로 잘해서 선정된 것이라고 설명해 주었다. 귀사에 문제가 있어서 미선정 된 것이 아니라고 답했다. 그날 통화로 더 이상 민원 제기가 없을 줄 알았다.

추석 연휴 첫날이었다. 가족과 함께 쉬고 있는 상황에서 그 회사의 대표이사가 나한테 전화를 해왔다. 받아보니 본인 회사가 입찰에서 탈락한 결과에 대해 항의하기 위해서 나한테 직접 전화를 한 상황이었다. 아니나 다를까 나한테 화를 내면서 거칠게 항의했다. 나는 입찰 과정에서 불법 편법적 요소가 없었기에 당당하되 차분하게 응대했다. "귀사가 선정되지 못해서 매우 안타깝습니다. 하지만 귀사보다 준비를 잘해서 발표한 기업이 있다 보니 귀사가 선정되지 못했습니다…." 하지만 이 사람은 막무가내였다. "우리가 탈락한 것을 인정하지 못한다. 탈락 사유를 명확히 알려달라!"는 등의 말을 꼬리에 꼬리를 물고 반복했다.

민원인의 처지에서는 입찰을 진행하는 쪽에서 이미 내정한 회사가 있거나 불공정하게 평가를 했을 수 있다는 오해나 편견을 갖기 쉽다. 하지만 입찰을 내는 쪽에서도 최대한 역량이 있고 해당 과업을 잘 수행할 것으로 보이는 기업을 선발하지 않겠는가? 그렇다. 어떤 기업이 입찰에서 미선정되었다고 해서 그 기업이 문제가 있거나 결함이 있어서라고 오해하면 안 된다. 선정된 기업은 미선정 기업보다 입찰 준비를 잘해와서 발표를 잘했기에 심사위원들에게 어필이 잘된 것이다. 몇 날 며칠 공들여 준비한 탈락 기업의 입장도 이해는 간다. 미선정 결과를 접했을 때 그 허탈함은 이루 말할 수 없겠다. 이런 양쪽의 입장을 잘 알기에 나는 관련 민원 제기가 있으면,

최대한 민원인의 입장에서 이해하려 한다.

나는 추석 연휴 첫날 거의 1시간에 가까운 통화를 그 사람과 했다. '가만히 있지 않겠다.', '두고 보라.'는 등 협박성 말을 서슴지 않았다. 그러다가 갑자기 매우 다정한 어투로 우리가 선정되지 못한 진짜 이유를 알려달라고 했다. 통화 내용을 녹음하고 있는 것 같았다. 나를 기분 나쁘게 만들거나 화나게 만들어 막말하도록 만들려는 의도가 있어 보였다. 회유를 통해서 내가 회유에 넘어가도록 하는 의도도 느껴졌었다. 아무튼 나는 처음부터 끝까지 일관적으로 입찰 결과에 대한 번복이 불가하고 공정한 평가였음을 계속해서 알렸다. 똑같은 이야기를 하면 나도 똑같이 응대했다.

다행히 이 통화 이후로 해당 회사에서 입찰 탈락 관련 연락이 오지 않았다. 소송도 없었다. 소송을 거는 사람도 돈과 시간이 소요되기에 쉽게 소송을 하지 못하는 게 인지상정이다. 하지만 우리가 실제 위법적, 편법적 행위를 했다면 소송을 충분히 걸어왔을 거다. 또한 그 사람이 화를 낸다고 해서 덩달아 티격태격했다면 아마도 수습이 쉽지 않았을 수도 있었다고 생각된다.

일단 민원이 발생하면 냉철하게 임하라. 강한 민원이라고 해서 움츠려 대응하다 보면 점점 더 악화되기 쉽다. 법적 문제도 따져보고 담대히 응대하라. 민원인이 추가로 다른 민원을 제기할 수도 있다. 지레 겁먹지 말고, 강한 민원이 발생한 상황에 대해 회사 내부에 정확히 알려야 한다. 조직 전체에 적극적으로 공유하라. 이 경우, 회사에서는 개인의 문제로 치부하지 말고, 회사 차원의 대책도 논의하라. 민원을 냉철하게 대하지 않고 감정으로 부화뇌동하면 민원은 점점 통제할 수 없는 상황으로 번질 것이다.

고객에 따라 응대 속도를 조절하라

불만을 제기하는 사람 중에는 엄청나게 흥분해서 바로바로 응대하지 않으면 불이라도 지를 것처럼 난리 치는 사람이 있다. 반대로 천천히 답을 달라며 정중하게 문의하는 사람도 있다. 이를 '항의 속도'라고 칭해보자. 항의 속도가 매우 빠른 경우와 느린 경우 우리는 이에 맞추어 '응대 속도'를 결정할 필요가 있다.

여기서 언급하는 내용은 모두 내가 경험한 내용이다.

스타트업에게 사업화 자금을 지원하는 정부 사업에서 있었던 일이다. 접수한 스타트업들에게 선정 미선정 결과를 메일로 통보했다. 몇 분 지나지 않아 흥분한 상태로 항의하면서 전화한 스타트업 대표가 있었다. 정말 전광석 같은 속도로 연락해 왔다. 매우 화가 나 있기에 담당 팀원이 '흥분을 가라앉히시고 불만 사항을 메일로 보내주실 수 있냐고 물어본다. 그렇게 요청해도 불같이 계속 화를 냈다. 담당 팀원이 더 이상 이 사람과 대화하면 안 될 것 같아, 바로 내가 전화를 넘겨받았다. 그리고 나는 이분의 말을 충분히 들었다. 그리곤 다시 연락을 드리겠다고 약속하고 전화를 끊었다. 심한 항의를 참고 듣다 보니 귀에서 피가 나올 것 같았다. 고객의 항의 속도가 이처럼 매우 빠를 경우, 먼저 항의 속도를 줄이기 위한 노력(불만 내용을 메일로 달라…)을 해라. 혹 그게 받아들여지지 않는다면 어쩔 수 없다. 항의 속도가 빠른 만큼 응대 속도도 빠르게 하여 즉각 응대하라. 이때 즉각 응대한다는 뜻은, 민원 내용에 대한 구체적인 답을 답변하는 게 아니라 민원인이 하고 싶은 말을 충분히 들어 준다는 개념이다. 일단 이렇게 해서 민원인의 불만이 뭔지 이 사람의 상황에 대해 빨리 파악하라. 그리고 이 사람에게 시간을 달라고 하고 차분하게 응대 방법을 생각해서 응대해 나가라. 이렇게 하면 불같은 속도로 항의하는 사람도 적절한 응대가 가능하다.

반대로, 메일로 불만을 언급하며 메일로 답변을 요청하는 민원인의 경우 항의 속도가 매우 느리다고 할 수 있겠다. 하지만 메일로 불만을 보낸다는 뜻은 '신중히 답해달라.'는 뜻도 내포되어 있고, '기록으로 남겨서 보관하겠다.'라는 의미도 있기에 빨리 답변하기보다, 천천히 신중히 답해야 한다.

그리고 메일로 답을 달라고 해도 나는 메일보다는 직접 통화를 선호한다. 메일은 사실만 적을 수 있기에 매우 제한적인 기재가 가능하다. 그렇다고 해서 감정을 섞어 메일을 쓰게 되면 원치 않는 오해를 불러일으킬 수도 있기에 감정에 호소하는 메일은 정말 조심해야 한다. 가능하면 통화나 직접 얼굴을 보며 이야기하는 게 생각 이상으로 상호 소통이 잘된다. 아무래도 목소리나 얼굴을 보면서 대화하면 상호 대화를 나누며 감정을 파악할 수 있기 때문이다.

어쩔 수 없이 메일로 답을 꼭 해야만 하는 상황이라면 군더더기 없이 감정적인 내용은 싹 빼고 객관적인 내용으로만 짧게 답변을 보내는 게 좋다. 많은 내용을 주저리주저리 메일로 적어서 보내면 메일 내용 중 특정 문구나 단어에 오히려 추가적인 불만이 생겨서 민원이 악화되는 경우도 많기 때문이다.

또한 심사평, 경쟁률, 심사위원 정보 등은 실제 수치나 내용을 구체적으로 공개하지 않는 편이 좋다. 실제 정부 지원사업 대부분에서 이런 사항들을 공개하지 않는다고 아예 사업 모집 공고문에 정보 비공개 상황을 표현하는 게 일반적이다. 이런 정보들이 오히려 불필요한 논쟁으로 번질 수 있기 때문이다.

그리고, 민원인이 민원을 전화로 알려 오는 경우, 반대로 가능하다면 이

메일로 내용을 보내달라 하라. 이메일 송부가 어렵다고 하면 전화로 내용을 받아 적고, 일정 시간 지난 후에 통화나 메일로 답하는 편이 낫다. 이유는 민원인이 전화할 때는 나름 항의해 보겠다는 마음을 먹은 상황이기 때문이다. 그런데 시간이 지나 연락하면 마음이 누그러졌거나 민원인이 다른 일로 바빠서 생각이 바뀐 경우도 많다. 시간을 좀 흘려보내면 민원인도 차분히 객관적으로 상황을 바라보게 되며 처음의 격앙된 마음이 누그러져 민원에 대해 객관적인 자세로 이야기 나눌 수 있기에 조기 종료될 수 있는 확률이 높아진다.

고객이 아무리 급하게 항의해도 상황을 봐가면서 응대 속도를 결정하라. 급하게 요구한다고 빨리만 응대하려고 하고, 또는 천천히 요구한다고 큰일 아니라 생각하고 느긋하게 응대를 미루다 보면, 어느 순간 엄청난 악성 민원이 눈앞에 있을 것이다. 제일 중요한 건, 민원인의 항의 속도가 빠르건 느리건 실제 해결안을 내는 건 신중히 해야 한다.

신중하게 답을 내고 답을 낸 부분이 무리가 없는지 한 번 더 점검하고 나서 고객에게 답변하라. 고객에게 답변한 이후에는 해당 민원에 대한 응대 혼선이 없도록, 답변을 유지하고 고수하는 것이 필요하다.

핵심성과지표(KPI)를 분명히 하라

행사나 특정 이벤트를 기획할 때 명확한 목적이 필요하다. 목적이 불분명하면 이벤트의 방향성이 흔들리고, 참가자들에게 일관된 메시지를 전달하기 어렵다. 예를 들어, '네트워킹을 위한 이벤트'와 '교육을 위한 이벤트'는 그 구성과 운영 방식이 완전히 달라야 한다. 두 가지 목적을 모두 충족시키려다 보면 어느 쪽도 제대로 달성하지 못하는 결과를 낳기 쉽다.

하지만 우리가 일하면서 세우게 되는 '목적'은 정성적 표현이 많다. 따라서 정량적 지표인 핵심성과지표(KPI)를 정해서 추진할 필요가 있다.

스타트업의 글로벌 진출 지원 프로그램을 예로 들어보자. 이러한 프로그램의 궁극적인 '목적'은 참여 스타트업이 실제로 해외 시장에 성공적으로 진출하도록 돕는 것이다. 그러나 많은 프로그램이 단순히 해외 진출 성공 사례 강연이나 일회성 자금 지원에 그치고 만다. 이는 명확한 목적의식 없이 '글로벌 진출 지원'이라는 표면적인 주제만 좇은 결과이다. 실제로 글로벌 진출은 복잡하고 매우 어려운 과제다. 한국 스타트업이 한국에서도 사업 성공이 어려운데, 해외에서 성공한다는 건 난이도가 극상일 수밖에 없다.

따라서, 해외 진출에 성공하기 위해서는 현지 시장 조사, 규제 환경 이해, 파트너십 구축, 현지화 전략 수립 등 다양한 요소를 고려해야 한다. 이를 통해 KPI를 확정하고 현지 프로그램을 시작해야 한다. 스타트업의 해외 진출을 위한 KPI 요소들로는 현지 파트너와의 계약서, NDA, LOI, 현지 투자확약서, 현지 법인 설립 증서, 현지 매출액, 해외 특허 수, 현지 기업과의 R&D 수행 계획서 등을 들 수 있다. 이 요소별로 구체적인 숫자 목표를 세우고 그 KPI가 달성될 수 있도록 사업을 기획하면 성과가 나올 수밖에 없다.

내가 진행한 사업 중에 KSC 사업이라는 해외 진출 사업이 모범적인 사례다. 해당 국가의 현지 액셀러레이터(Accelerator)가 직접 한국 스타트업을 선발한다. 현지 액셀러레이터가 한국 스타트업 중 해당 국가 진출을 가장 잘 도울 수 있는 스타트업을 스스로 선발토록 한다는 개념이다. 또한 선발하고 나면 반드시 하는 행위가 있다. 현지 액셀러레이터와 한국 스타트업이 머리를 맞대고 현지 진출 목표(KPI)를 구체적으로 수립한다. KPI를 맞추는 작업이다. 이를 통해 현지 진출의 상호 공동 목표를 명확히 하고 KPI를 달성하기 위한 현실적인 계획을 수립하게 된다. 수립된 KPI를 바탕으로 현지에 머무르기 전, 온라인으로 현지 기업들을 만나고 전략을 수립하며 현지 진출 준비를 마친다. 그러고는 8주간 현지에 머무르면서 사전에 세운 KPI를 달성하기 위해 구체적인 액션을 취한다. 한정된 예산과 시간, 인력을 최대한 효율적으로 활용하기 위해서 우선순위를 정하고 움직인다. 결국 KPI 달성을 위해 핵심적인 요소에 자원을 집중한다.

이벤트 기획에서 명확한 목적 설정은 단순한 첫 단계가 아니라 성공의 핵심 요소이다. 목적이 명확할 때 참가한 고객은 무엇을 기대할 수 있는지 알게 되고, 주최 측은 모든 자원과 노력을 목적이 달성될 수 있도록 효과적으로 배치할 수 있다. 이는 결과적으로 높은 고객 만족도로 이어진다.

결국 기획자에게 가장 중요한 질문은 '이 이벤트가 왜 필요한가?'와 '어떤 구체적인 변화를 만들어 낼 것인가?'이다. 이 질문에 명확히 답할 수 있을 때, 비로소 모든 참가자에게 가치 있는 경험을 제공하는 이벤트를 만들 수 있다.

모든 이벤트 기획은 명확한 KPI 설정으로 시작하라. 설정한 KPI를 중심으로 모든 요소가 일관되게 설계될 때 진정한 성공을 이룰 수 있다. 이는 단순한 원칙이지만, 실제 실행 과정에서 끊임없이 상기하고 점검해야 할 핵심이다. 목적이 불분명하고 효과를 알 수 없는 이벤트는 모호함과 막연함 속에서 해당 이벤트에 참여한 고객에게 실망을 주기 쉽다. 이렇게 되면 고객의 만족도가 낮을 수밖에 없다.

KSC 사업에 참여했던 스타트업들은 지금도 우리를 보고 감사해한다. 가끔 우리 기관에 음료수를 들고 찾아오고 명절이면 안부를 묻기도 한다. 그러고는 웃으면서 KSC 사업에 또 참여하고 싶다고 한다. 왜 그럴까? 목표 달성을 위해 본인들 포함 모든 관계자들이 '합의된 KPI 달성'에 노력했기 때문이다. 원 없이 해외 진출을 시도해 봤고 성과도 좋으니 감사해할 수밖에 없다.

진정한 고객을 만드는 방법은 생각보다 어렵지 않다. 다채롭고 기존에 하지 않았던 새로운 행사를 한다고 만족도가 올라가지 않는다. 행사의 목적을 분명히 하고 거기에 맞는 KPI 항목을 설정하라. 그리고 달성할 수 있는 구체적인 KPI 목표치를 세우라. 그리고 그 KPI 목표치가 달성되도록 최고의 방법을 모색하라. 이렇게 한다면, 해당 행사에 참여한 고객과 관계자 모두의 만족도는 높을 수밖에 없다. 민원을 넘어 진정한 고객 발굴을 하게 된다.

민원 제로 비밀 노트

민원에 대한 근본적인 이해와 올바른 대처로 악성 민원이 우리 회사에서 사라지도록 만듭시다. 할 수 있습니다.

❶ 어색해도 고객에게 먼저 질문하라. 상호 신뢰의 지름길이다.

❷ 작은 불만처럼 보이는 문의도 잘못된 대처 시, 순식간에 악성 민원화 된다.

❸ 민원 관련 법적 분쟁은 시간과 비용 손해가 막심하다. 법적 분쟁 소지에 대해 점검하라.

❹ 민원인의 유형에 맞는 첫 응대가 중요하다.

❺ 발생한 민원은 감정적으로 부화뇌동하지 말고 당당하고 냉철하게 응대하라.

❻ 고객 요구 속도가 빨라도 또는 느려도, 실제 해결 방안은 신중하게 도출하라.

4단계

민원의 벽을 넘어,
충성 고객을 만들어라

–

"고객에게 진심으로 다가가면 신뢰가 쌓이고,
신뢰가 쌓이면 우리의 비즈니스는 성공할 수밖에 없습니다!"

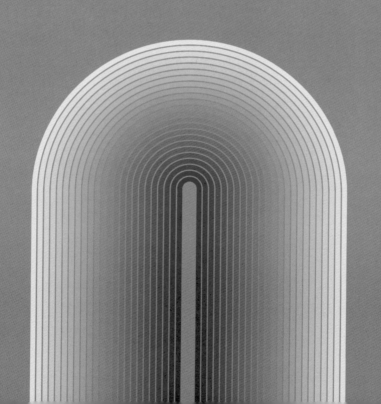

진행 과정을 고객과 함께 하라

비즈니스의 성공은 단순히 제품이나 서비스를 제공한다고 해서 이루어지지 않는다. 진정한 성공은 제품과 브랜드 관련해서 고객과 깊이 있는 관계가 형성되면 시작된다고 볼 수 있다. 이런 맥락에서 '고객과 함께 하라.'라는 말은 때로 오해를 불러일으킬 수 있다. 이는 고객의 일상생활 전반에 관여하라는 의미가 아니다. 우리가 제공하는 서비스나 제품 관련된 영역에서 고객과 직접적으로 소통하고 교감하라는 의미다.

많은 기업이 효율성과 비용 절감을 이유로 고객과의 직접적인 접점을 외부 업체에 위탁하는 경향이 있다. 신제품 출시 행사를 예로 들어보자. 본사 직원들은 뒤에서 관망하고, 행사 대행사에 모든 것을 일임한다. 이벤트 진행, 도우미, 고객과의 대화도 모두 대행사가 대신한다. 운영비도 절감하고,

인력 운용도 효율적이라는 이유에서다. 하지만 이러한 접근은 매우 중요한 점을 놓칠 수 있다. 바로 고객과의 직접적인 소통이 주는 가치다.

고급 자동차 전시 판매장을 떠올리면 이해가 쉽겠다. 자동차 전시 판매장에 문을 열고 들어서는 순간부터 직원들의 세심한 응대가 시작된다. 음료를 건네고, 고객의 요구를 경청하며, 전문적인 설명으로 신뢰를 쌓으려 노력한다. 만약 비용적 효율성만 따진다면, 자동차 판매도 저렴하게 외부 위탁으로 맡길 수 있겠다. 하지만 그렇게 하지 않는다. 차를 보러온 전시 판매장에 온 고객이 실제 차를 구매할 확률이 매우 높기에 본사 영업 전문가들이 직접 응대한다. 차를 보러온 사람이 어떤 차가 필요하다고 하는지, 어떤 정보를 제공해야 우리 차를 구매할지 적극적으로 응대하고 경청한다. 직접 마주해서 정성스레 응대해야 구매 확률이 높아진다고 판단하기에 외주용역사에게 차 판매를 맡기지 않고 직접 소통한다.

나의 경우, 스타트업 지원 업무를 10년 넘게 해오고 있다. 보통 스타트업 지원사업들은 선발된 스타트업과 짧게는 1~2개월에서 길게는 1년 이상을 함께 한다. 이때 선발된 스타트업의 현황과 비즈니스 상황을 잘 이해하고 해당 스타트업에게 도움 되는 지원을 하는 게 무엇보다 중요하다. 스타트업과 직접 소통의 기회를 만들면 만들수록, 해당 스타트업 지원이 효과적으로 될 수밖에 없다. 스타트업의 당면 이슈는 다양하다. 수백억 원의 투자를 유치한 성공적인 스타트업부터 이제 막 첫발을 내딛는 예비 창업자까지 상황이 모두 다르다. 따라서 직접 만남을 통해 그들의 현재 상황과 니즈를 체감해야 잘 도울 수 있다. 그렇다면 어떻게 고객과 소통하면 좋을까? 사업을 하는 분들을 만날 때면 첫 미팅에서는 항상 세 가지 질문을 던진다. "지금 가장 힘든 점이 무엇인가요?", "앞으로 이루고 싶은 것은 무엇인가요", "우리에게 바라는 점은 무엇인가요?" 이러한 질문은 단순히 형식적인 대화가 아니다. 스타트업이 원하는 바 중에서 우리가 제공할 수 있는 게 뭔지 파악 가능케 하며, 심지어는 해당 스타트업에게 절실히 필요한 부분인데도 해당 스타트업 대표가 인지하지 못하고 있음도 파악할 수 있다. 또한 이런 질문의 답을 통해, 어떤 지원을 먼저 제공할지 결정해서 실질적인 도움을 줄 수 있다. 이렇게 스타트업을 진심으로 돕고자 하는 우리의 의지를 전달한다. 한 번만 아니라 주기적으로 이야기 나눈다. 우리가 해당 스타트업에 방문도 해본다. 해당 스타트업과 소통이 잘되면 잘될수록 해당 비즈니스 상황이 리얼하게 체감되면서 스타트업 구성원들도 우리와 솔직한 대화를 나누게 된다.

나는 사회 초년생일 때 신규 통장을 만들러 은행에 간 적이 있다. 급여 거래 은행 외에 추가로 은행 거래를 하기 위하여 어떤 은행에 갈지 고민하다 그 당시 ㅇㅇ은행을 찾았다. 은행 거래가 낯선 나에게 그 당시 대면했던 ㅇㅇ은행 직원이 지금까지 잊히지 않는다. ㅇㅇ은행 첫 거래라고 감사하다고 기념품을 챙겨주면서 금융 관련 적금이나 예금 등 궁금하거나 필요한 게 있으면 언제든지 들리라는 멘트까지 해주었다. 그다음에 다시 ㅇㅇ은행에 갔을 때도 그분은 나를 알아보고 밝게 웃어주며 식사했냐고 안부까지 물었다. 가끔 가는 은행이었지만 갈 때마다 기분이 좋았다. 그래서 다른 은행은 거래하지 않고 적금도 급여 거래 은행이 아닌 ㅇㅇ은행에서 들곤 했다. 그리고 그 시절 어느 날인가, 기존처럼 ㅇㅇ은행에 방문했는데, 그분이 다른 지점으로 발령 나서 더 이상 거기서 근무하지 않는다는 이야기를 들었다. 심하게 섭섭했던 기억이 있다. 지금 생각해 보면 그 직원은 나에게 엄청난 대우를 해준 건 아니었다. 어찌 보면 내가 ㅇㅇ은행에 갔을 때 나를 알아보고 밝은 미소로 인사해 준 게 다였다. 하지만 ㅇㅇ은행에 대한 나의 이미지는 은행 중 최고였다. 사소해 보이지만 매번 방문 시의 미소가 내 마음속에 각인 되었나 보다.

우리가 어떤 행사를 운영하면서 대행사나 외부 업체를 활용하더라도, 핵심적인 고객 접점은 반드시 직접 관리해야 한다. 이는 단순히 서비스의 질을 통제하기 위함이 아니다. 고객의 실제 반응과 감정을 직접 체감하고, 이를 통해 더 나은 서비스를 제공하기 위함이다. 직접적인 소통을 통한 상호 신뢰 구축은 결코 대체할 수 없는 가치를 만들어 낸다. 이러한 직접 소통의 노력은 반드시 긍정적인 결과로 이어진다. 고객은 우리의 진정성을 느끼고, 우리는 고객의 니즈를 더 정확히 파악할 수 있다. 이는 단순한 거래 관계를 넘어서는 상호 신뢰의 관계로 발전하며, 이는 결국 양측 모두에게 이익이 되는 결과를 가져온다.

진정한 고객 중심의 비즈니스는 이처럼 직접적이고 진정성 있는 소통에서 시작된다.

지금 하는 일의 고객이 누구인가? 내부 고객은 누구고, 외부 고객은 누구인가? 해당 고객과 진정 어린 대화를 직접 나눠본 적이 있는가? 직접 나누어 봤다면 지속적으로 나누고 있는가? 그렇지 않다면, 고객과 라포(rapport)를 형성할 기회를 만들라. 대국민 서비스를 제공하는 경우라면 해당 주민들과 직접 소통을 차근차근 늘려보라. 절대 후회 없다. 물론 소위 말하는 진상 고객은 구분해야 한다. (여기서 말하는 진상 고객이란 막무가내로 항의하고 본인이 원하는 것만 요구하는 고객을 말함) 그래야 적절히 대응할 수 있다. 하지만 처음에는 진상 고객과 일반 고객도 구분이 안 된다. 고객과 직접 소통하며 대화해봐야 어느 순간 구분이 가능해진다. 처음이 어렵다. 일단 시작하면 분명 어느 순간에는 고객과의 직접 대화에 자신감이 생길 수밖에 없다.

처음 하는 시도라면
소통을 3배로 늘려라

    기업과 기관들은 고객을 늘리고 기존 고객과의 관계를 강화하기 위해 다양한 행사와 프로그램을 기획한다. 세미나, 컨퍼런스, 이벤트, 지원사업 등을 통해 이전과는 다른 참신한 방법을 시도한다. 그러나 바쁘게 돌아가는 조직에서 모든 행사를 완벽하게 준비하기는 현실적으로 어렵다. 이에 행사마다 있는 작은 실수를 '성공의 어머니'라고 여기며 넘어가는 경우가 많다.

    나는 현재 내가 맡은 일에서 큰 민원이 발생하지 않을 것이라는 확신이 있다. 이는 과거의 쓰라린 경험을 통해 얻은 결과다. 또한 나는 수년간의 경험을 통해 새롭고 참신한 시도를 할 때 예상치 못한 곳에서 큰 민원이 발생할 수 있다는 점을 알게 되었다.

    민원이 발생하기 쉬운 그러니까 주의가 매우 필요한 경우 중 하나는 '주최 측이 충분한 혜택을 제공하고 있다.'라고 확신하는 때다. 무료 상품 제공, 고품질 교육의 무상 제공 등 객관적으로 고객에게 큰 혜택을 주는 경우가 대표적이다. 이 경우 고객은 뭔가 마음에 들지 않아도 대체로 부정적 표현을 하지 않는다. 그러나 아무리 좋은 혜택을 제공하더라도 참여한 고객의 실제 니즈와 부합하지 않으면 오히려 부정적인 결과를 초래한다. 이러면 불만은 즉각적으로 표면화되지 않는 경향이 있다. 고객이 봐도, 주최 측에서 큰마음 먹고 고객에게 큰 혜택을 준 상황이기에 만족하진 않지만 그렇다고 불만을 제기하지도 않는 애매한 상황이 펼쳐지기 때문이다. 직접적인 불만 제기가 없기에 주최 측은 프로그램이 아주 성공적으로 진행되었다고 잘못 판단할 수 있다.

내가 겪은 스타트업 지원 프로그램 사례가 이를 잘 보여준다. 해당 프로그램은 '콘텐츠 제작 지원'과 더불어 '대기업과의 협력 기회를 제공'하는 혁신적인 스타트업 지원사업이었다. 프로그램 기획 당시, 관련된 모든 관계자가 그 독창성과 파격적인 혜택을 높이 평가했다.

참여 희망 스타트업 모집을 시작하니 우수한 스타트업의 지원이 이어졌다. 프로그램은 순조롭게 진행되는 듯했다. 나는 바쁜 일정이었지만 예선 심사 진행 중, 지원한 스타트업과 의도적인 직접 대화를 시도했다. 우수 스타트업 대표들에게 이 사업에 참여한 사유 등을 묻고 인사도 나누었다. 스타트업 별로 5분에서 15분 정도로 짧게 이야기를 주고받았다. 이야기 나눈 분들은 모두 밝게 웃으며 이런 프로그램 만들어 주어 감사하다고 연신 미소 지었다. 나로선 이 사업이 너무 잘되고 있다고 생각할 수밖에 없었다.

그러나 예심 후 최종 선발 과정에서 예상치 못한 상황이 발생했다. 탈락한 한 스타트업 대표가 선발 과정의 부당성을 제기하며 우리 담당자에게 전화를 걸어 심하게 불만을 언급했다.

그런데, 불만을 제기한 그는 예선 과정에서 나와 매우 즐겁게 직접 대화를 나눈 인물이었다. 의아했다. 왜? 뭐가 문제지? 분명 이 사업에 참여하는 게 너무 좋다고 했던 그 스타트업 대표인데 지금은 이 사업의 기획과 진행에 대해 강하게 불만을 토로했다.

그는 탈락하고 나서 우리 팀원에게 화내면서 말하길, 자신의 니즈는 '대기업 연계'였으며, '콘텐츠 제작 지원'은 오히려 부담이었고 불필요했다고 언급했다. 앞서 나랑 이야기 나눌 때는 모든 게 다 좋다 했던 그였다. 탈락하고 나니 욕하다시피 불만을 제기하며 국민신문고에 신고하겠다 했다. 그러면서도 우리 기관에 대해서는 불만이 없고 해당 대기업을 신고하겠다고 했다. 나중에 보니, 예선 과정에서의 나와 나눈 이야기들 때문에 그랬다는 걸 알게 되었다. 분명 본인이 나한테 모든 것에 만족하고 있었다고 했었기 때문에 우리한테는 불만을 제기할 수 없었던 것이다. 내가 사전에 이 사람과 이야기 나누지 않았다면 어떻게 되었을까?

이 경험 이후 나는 새로운 프로그램 시행 시 고객과의 소통을 기존 대비 3배 이상 하겠다고 마음먹었다. 새로운 시도를 해야 한다면, 잠재된 불만을 조기에 발견하고 객관적인 상황 판단을 위해 기존보다 3배 이상으로 소통량을 늘려보라. 물론 늘린다고 100% 문제가 도출된다는 것은 아니다. 하지만 그 과정에서 직간접적으로 느끼는 바가 생기며, 그런 느낌과 생각은 우리가 처음 시도한 이 행사가 고객에게 어떻게 받아들여지고 있는지 깨닫는 계기가 된다.

새로운 시도나 기존에 해본 적 없는 이벤트를 추진할 때 기존보다 3배 이상 적극적인 소통을 권한다. 기존보다 3배나 소통하는 부분이 부담스럽게 생각될 수도 있겠다. 하지만 생각보다 실천은 어렵지 않다. 새로운 시도가 만약 어떤 행사라고 가정 해보자. 행사 시작 전에 미리 행사장에 온 고객들과 이야기 나눠보라. 시간이 된다면 한 명이 아니라 서너 명과 이야기해 보라, 어떻게 해서 참여하게 되었는지, 이 행사를 통해 어떤 걸 기대하는지 등. 그리고 행사가 시작되면 행사에 즐겁게 참여하고 있는 사람과 인상을 쓰고 있는 사람 등 다양한 관점으로 고객과 대화해 보자. 그리고 모든 행사가 끝날 때쯤 행사가 어땠냐고 물어보라. 또한 행사 중간에 행사장을 나서는 이가 있다면 과감히 물어보라. "행사가 마음에 들지 않아서 가시나요? 가시더라도 이 기념품 가져가세요."라고. 그런데 행사가 마음에 들지 않아도 마음에 들지 않는다고 직설적으로 말하지 않는 사람도 많다. 특히 주최 측에서 정중히 물어보는 말에는 더 그러하다. 하지만 그분이 정말 행사가 마음에 들지 않았다면 정중하게 행사가 마음에 들지 않은 사유를 이야기할 것이다.

이런 식으로 고객과 소통하고 이야기 나누어 우리가 새롭게 진행한 행사의 효과에 대해 파악해야 한다. 이게 현장의 목소리다. 격식을 갖춰 간담회를 진행하는 방법도 도움이 되겠지만, 자연스러운 대화를 통해 고객의 생각을 들어보면 오히려 답을 쉽게 찾을 수 있다. 이런 과정에서 강성 민원이 발생할 여지를 인지하고 수습해 나가거나 작은 불만이라도 캐치해서 다음에는 해당 불만이 없어지도록 노력하라. 고객은 우리의 소통 노력에 대해 가상히 여길 것이다.

소통을 3배로 늘리면, 고객 입장에선 기존과 다른 대우를 받는다고 생각할 수 있다. 자신의 의견을 직접 실무진에게 피력할 수 있어서 만족도가 높아진다. 물론 부담을 느끼는 이도 있겠다. 하지만 내가 시도해 본 결과 대체로 고객 반응이 좋다. 고객들은 호응도 해주고 답변도 잘해준다. 주최 측의 상냥한 질문에 대해, 아예 답변을 회피하는 고객은 거의 없다.

이렇게 직접적인 소통을 하면서 형성된 라포는 새로운 행사 속에서 발생한 예기치 못한 불편함이나 어색한 상황 등을 이겨내는 힘이 된다. 아무런 상황이 없던 때에 편히 이야기 나눈 부분은 이해관계가 없는 제로 상태에서의 소통이었기에 짧은 시간이지만 상호 신뢰가 쌓이게 된다. 생각해 보라. 상대방을 잘 모르는 상태에서 행사에 참여해 주어서 감사하고 행사에 바라는 바를 묻고 하는 행위가 어떤 의미인지. 그야말로 고객은 내가 대우받고 있다고 생각되기 십상이다. 고객을 위해서 마련한 행사이기에 고객에게 참여 동기를 묻고 불편한 점을 묻는 행위가 어찌 보면 당연하다. 하지만 현실에서는 처음 보는 사람과 말을 섞기가 어색하고 민망해서 굳이 대화를 잘 하지 않게 된다.

오늘부터라도 새로운 시도를 진행할 경우, 기존보다 3배로 고객과의 소통을 늘려보라. 인사하는 말도 좋고 참여한 동기 등을 물어보라. 충성 고객 만들기는 생각보다 어렵지 않다.

지속적인 관계를 유지하라

비즈니스 세계에서 고객을 확보하는 비결은 다양하지만, 그중에서 중요한 요소 중 하나는 바로 '관계'이다. 진정한 고객을 늘리는 핵심은 지속적인 관계 유지에 있다.

스타트업 생태계는 복잡한 관계 네트워크로 이루어져 있다. 스타트업, 대기업, 투자사, 액셀러레이터, 멘토 등 다양한 주체들이 상호 작용하며 생태계를 형성한다. 이러한 생태계에서 스타트업을 지원하는 조직은 단순히 일회성 서비스를 제공하는 게 아니라, 이 모든 주체와 지속적인 관계를 구축하고 유지해야 한다. 스타트업과의 지속적인 관계는 그들의 성장 단계를 이해할 수 있도록 만들어 주어 각 단계에 맞는 적절한 지원을 제공할 수 있는 실마리가 된다. 초기 단계의 스타트업은 제품 개발과 시장 검증에 집중하는 반면, 성장 단계의 스타트업은 규모 확장과 자금 조달에 더 관심이 있다. 또한 최신 기술을 보유한 스타트업에게 어떤 지원을 해야 그들의 사업 성장에 도움이 될지 판단하려면 관계를 유지하고 소통해서 그들의 니즈를 이해해야 한다. 상황에 맞는 대응을 위해서는 오랜 시간에 걸친 관계 구축이 필수적이다.

모든 관계의 기본은 신뢰다. 지속적인 관계는 양쪽 모두에게 가치가 제공할 때 유지된다. 스타트업에게 단순히 서비스를 시행하는 것이 아니라, 그들의 성공에 실질적으로 기여 가능한 가치를 지속해서 제공해야 한다. 진정한 관계 구축은 단기적인 이익보다 장기적인 성과를 바라보는 관점이 필요하다. 당장 우리 기관에 도움이 안 되더라도, 잠재 역량이 있는 스타트업과의 관계를 꾸준히 유지한다면, 그들의 성장 과정에서 여러 교훈을 얻을 수 있다. 큰 가치로 돌아온다. 이러한 장기적 관점의 관계 유지는 스타트업 지원 업무의 성공을 위한 필수 요소다.

지속적인 관계를 실천하기 위한 구체적인 실행 방안을 알아보자. 우선, 뉴스레터, 정기 미팅, 네트워킹 이벤트 등 다양한 채널을 통해 고객에게 지속적으로 가치 있는 정보를 공유하고 대화를 유지하면 좋다. 특히 직접적인 비즈니스가 없는 시기에도 소통을 유지하는 것이 중요하다. 또한, 고객과 연관된 다양한 이해관계자가 참여하는 커뮤니티를 조성하면 관계 유지와 가치 창출을 동시에 이룰 수 있다. 이러한 커뮤니티는 지식 공유, 네트워킹, 협업 기회 등 다양한 가치를 제공하는 것을 목표로 삼으라. 이해관계자의 성공과 성과를 함께 축하하고 공유하는 문화를 조성하라.

고객과의 지속적인 관계 유지는 단순한 비즈니스 전략이 아니라 고객과 우리 회사가 포함된 생태계 전체의 선순환을 만드는 핵심 원동력이다. 고객과 연관된 다양한 주체와의 견고한 관계는 각 주체의 성공을 지원하고, 이는 다시 고객 만족도 향상으로 이어진다.

진정한 고객을 늘리기 위한 가장 확실한 방법은 단기적인 이익보다 장기적인 관계에 투자하는 것이다. 이러한 관계 중심의 접근은 비즈니스의 지속가능성을 높이고, 궁극적으로는 모든 이해관계자에게 더 큰 가치를 창출한다. 민원인을 줄이려는 노력보다, 고객과 지속적인 관계를 유지하는데, 오히려 신경 쓰라. 민원은 자연스레 줄어들고, 고객 만족도는 극대화된다.

고객의 자발적 참여를 도모하라

혹시 리빙랩(Living Lab)에 대해 들어보았는가?

리빙랩은 1990년대 후반 미국 MIT(매사추세츠 공과대학교)에서 시작되었다. MIT의 윌리엄 J. 미첼(William J. Mitchell) 교수와 연구진들은 실제 주거 환경을 모방한 실험실에서 사람들이 새로운 기술을 어떻게 사용하는지를 관찰하고 실험하는 형태의 '사용자 중심 혁신 환경'을 만들었다. 이후 2000년대 초반, 유럽은 이 개념을 받아들여 보다 개방적이고 도시 기반의 실제 환경에서 사용자들과 함께 혁신을 만들어 가는 방식으로 발전시켰다. 바르셀로나, 헬싱키, 맨체스터 등의 도시는 리빙랩 프로젝트를 통해 시민, 기업, 정부, 학계가 협력하는 실험적 도시 혁신을 시도해 오고 있다. 현재, 시민들의 민원을 능동적으로 해결하고, 사회 개선을 이루는 다양한 리빙랩(Living Lab) 활동들이 활발히 진행되고 있다.

리빙랩은 시민들이 직접 문제 해결에 참여할 수 있도록 지원하는 혁신적인 방법론으로, 네덜란드와 덴마크의 사례가 대표적이다. 이들 국가에서는 민원을 단순히 처리하는 수준을 넘어, 시민들이 직접 문제 해결 과정에 참여하고 그들의 목소리가 정책에 반영되는 방식으로 사회적 변화를 끌어내고 있다.

네덜란드는 교통 체증과 대기 오염 문제를 해결하기 위해 시민들의 참여를 적극적으로 유도하는 리빙랩 활동을 전개하고 있다. 특히, 암스테르담에서는 도시 교통을 개선하기 위한 다양한 실험들이 진행된다. 시민들이 직접 참여하여 교통 패턴을 분석하고, 이를 기반으로 새로운 교통 시스템을 제안하는 방식이다. 예를 들어, 자전거와 대중교통을 결합한 새로운 교통 모델을 시민들과 함께 실험하며, 그들의 피드백을 실시간으로 반영했다. 이 과정에서 시민들은 단순히 정책을 수용하는 대상이 아니라, 적극적인 참여자로서 문제 해결에 기여하고 있음을 느낄 수 있다. 결과적으로, 이 리빙랩 활동은 도시 내 교통 혼잡도를 줄이는 데 성공했고, 시민들의 삶의 질 향상에도 기여한 것으로 평가받고 있다.

또 다른 네덜란드의 리빙랩 우수 사례로는 공공 서비스의 개선을 목표로 한 실험이 있다. 네덜란드는 '디지털 리빙랩'을 운영하며, 시민들이 공공 서비스를 더 쉽게 이용할 수 있도록 개선하는 방안을 모색하고 있다. 공공 서비스는 종종 처리 절차가 복잡하고 시간이 많이 소요되는 문제 등으로 시민들에게 불만을 일으키곤 한다. 이러한 문제를 해결하기 위해 디지털 플랫폼을 활용한 리빙랩 활동이 진행되고 있다. 시민들은 직접 플랫폼을 사용하여 불편한 점을 제시하고, 이를 바탕으로 시스템을 개선하는 작업이 이루어진다. 이 과정에서 시민들의 경험과 피드백이 핵심적인 역할을 하며, 결국 공공 서비스의 효율성이 크게 향상되고 있다. 네덜란드는 이를 통해 민원을 단순히 해결하는 데 그치지 않고, 시민들의 참여와 협력을 통해 서비스 자체를 혁신하는 성과를 거두고 있다.

덴마크에서도 지속 가능한 도시 개발을 위한 다양한 리빙랩 활동이 진행되고 있다. 그중 하나가 '에너지 효율성을 높이기 위한 시민 참여형 리빙랩'이다. 시민 자신의 에너지 소비 패턴을 분석하고, 이를 개선하기 위한 아이디어를 스스로 제시하는 방식으로 운영되고 있다. 시민들은 각 가정에서 사용하는 에너지 소비 데이터를 공유하고, 그 데이터를 바탕으로 에너지 절약 방법을 실험한다. 이 과정에서 나타난 주요 문제는 대부분의 가정이

에너지 소비에 대한 인식이 부족하다는 점이었다. 리빙랩 참여자들은 지속적으로 에너지 절약을 위한 정보를 제공하고, 실제로 효과적인 에너지 절약 방법을 제시하며 시민들의 에너지 사용 습관을 바꾸는 데 중요한 역할을 했다. 덕분에 덴마크는 에너지 효율을 높이는 데 큰 진전을 이루었으며, 시민들의 적극적인 참여가 중요한 동력이 되었다.

또 다른 덴마크 사례로는 환경 오염 문제를 해결하기 위한 리빙랩이 있다. 코펜하겐에서는 도시 내 공기 질을 개선하기 위한 리빙랩 활동이 진행되었다. 시민들이 스스로 대기 오염 데이터를 수집하고, 이를 통해 어떤 지역에서 공기 질이 악화되고 있는지 파악한 뒤, 이를 개선할 수 있는 방법을 제시하도록 했다. 시민들은 자발적으로 대기 오염을 줄이는 활동에 참여하며, 그들의 행동이 환경에 미치는 영향을 실시간으로 확인했다. 이 과정에서 시민들의 환경 문제에 대한 인식과 관심을 크게 높였다. 덴마크는 이러한 활동을 통해 민원 문제를 해결할 뿐만 아니라, 환경에 대한 시민들의 적극적인 관심과 참여를 끌어내는 성과를 거두고 있다.

네덜란드와 덴마크의 리빙랩 활동은 시민들이 문제 해결의 주체가 되도록 한다. 발생한 민원을 해결하기에 급급한 게 아니라, 시민들에게 적극적으로 문제 해결에 참여할 기회를 제공한다. 이를 통해 시민들의 목소리가 정책에 반영되고, 실질적인 변화가 이루어진다. 또한, 시민들이 스스로 해결 방안을 제시하고, 그 해결 방안이 실제로 실현되는 과정을 경험하면서 큰 자긍심을 느낀다. 결국, 리빙랩은 민원의 해결을 넘어, 지속 가능한 사회를 만드는 데 기여하는 중요한 방법론이라 할 수 있다.

한국에서도 리빙랩 시도가 지속 이루어지고 있다. 한국 리빙랩 네트워크(KNoLL)가 탄생했다. 공공기관에서 다양한 리빙랩 프로젝트를 시행 중이다. 예를 들어 부산시와 부산창조경제혁신센터는 '솔루션 리빙랩(Solution Living Lab)'을 운영하여 부산 시민과 스타트업 간 협력을 추구하고 있다. 도시를 스마트하게 만들되 시민을 직접 참여시켜 추진한다.

한국은 리빙랩 활동이 유럽만큼 활발하진 않다. 지금보다 시민의 자발적 참여를 더욱 이끌어낼 필요가 있다. 이렇게 되면, 발생한 민원의 해결에만 급급한 수준을 넘어설 수 있다. 한국도 시민에게 지금보다 더 사회 개선 활동에 참여할 수 있도록 기회를 만들어 주어야 한다.

민원이라는 말은 말 그대로 수동적 의미다. 누군가 민원을 제기하면, 다른 누군가가 해결하려 애쓴다. 고객이 문제 제기와 해결 방안 마련에 함께 참여하는 상황은 매우 능동적 상황이다. 모두가 함께 노력하자는 의미이며, 이런 노력이 가시화되고 구체화 된다면 기존과 다른 접근과 책임감으로 큰 변화와 혁신이 생길 수 있다.

민원을 줄이거나 신속히 대응하는 수준을 넘어, 시민과 고객의 능동적 참여를 도모하라. 참여가 늘어날수록 사회적 책임감과 브랜드 충성도는 높아진다. 충성 고객을 만드는 지름길이다.

본연의 가치로 다가가라

우리 사회에서 민원은 어찌 보면 불가피한 현상이다. 그렇다면 그 빈도와 강도를 줄이기 위한 근본적인 해결책은 무엇일까? 기업이든 공공기관이든 모든 조직이 자신의 '근원적 가치'를 명확히 인식하고 이를 실천할 때, 민원은 자연스럽게 감소하게 된다. 왜 근원적 가치를 추구하는 게 민원 해결의 핵심이 될까?

모든 조직은 특정한 가치를 제공하기 위해 존재한다. 예를 들어 저렴하고 맛있는 샐러드를 배달한다고 홍보하는 배달 식당은 '합리적인 가격', '맛있는 음식', '정해진 시간에 배달'이라는 가치를 약속한다. 이 약속이 지켜지지 않을 때(예를 들어 샐러드가 과도하게 비싸거나, 맛이 없거나, 정해진 시간보다 늦게 배달된다면) 고객의 민원은 필연적으로 발생한다.

민원은 단순한 불평이 아니라 '약속된 가치가 제공되지 않았다'라는 신호다. 따라서 민원을 줄이는 가장 효과적인 방법은 조직이 제공하고자 하는 본연의 가치를 명확히 하고, 이를 일관되게 전달하면 된다. 고객은 자신이 기대한 가치를 받았을 때 만족하고, 그렇지 못할 때 불만을 표출한다.

어느 날 지하철을 타러 바쁘게 움직이던 나에게 지하철 고객 응대 부스 쪽에서 큰 목소리의 실랑이가 들려왔다. 소리가 나는 곳을 쳐다보니 휠체어를 탄 누가 봐도 장애인인 어떤 사람이 큰소리로 지하철 안내 직원에게 고함을 치고 있었다. 지하철 승무원 복장을 한 직원은 냉담한 얼굴로 뭐라 뭐라 하고 있었다. 그런데 소리 지르던 사람이 갑자기 소화기가 있는 장소로 휠체어를 옮겨 바닥의 소화기를 들더니 직원이 있는 유리창 부스로 던졌다. 순식간에 벌어진 일이었다. 와장창 굉음과 함께 유리창이 박살 났다. 다행히 던지는 동작을 미리 알아본 직원은 뒤로 물러나 상처는 없는 듯했다. 나는 휠체어 탄 사람의 끔찍한 행동에 무슨 원한이 있거나 심각한 싸움거리가 있겠다고 생각했다. 지하철 내 다른 직원이 달려오고 지나가던 행인들이 하나둘 모여 현장을 둘러쌌다. 나도 뭔 일인가 싶어 다가가 보았다. 씩씩대는 두 사람의 이야기를 들어봤다. 정말 난동에 가까운 상황이었기에 지켜보는 사람 모두가 놀란 상황이었다. 내용을 들어보니 황당하기 그지없었다.

휠체어를 탄 장애인이 지하철 무료 승차를 요청했으나, 장애인 증명서가 없다는 이유로 역무원은 이를 거부했다고 했다. 아무리 이야기해도 듣질 않자, 해당 장애인이 소화기를 들어 역무원 부스의 유리창을 깬 상황이었다. 표면적으로만 보면 이 갈등은 '규정 준수'와 '임의의 편의 제공' 사이의 충돌이었다. 역무원은 '증명할 수 없다면 무임승차는 안 된다.'라는 규정을 강조했고, 장애인은 '누가 봐도 장애인이니 양해해 달라.'는 나름 합리적? 예외를 요청했다.

그러나 더 깊이 들여다보면, 이 사건의 핵심에는 '근원적 가치'에 대한 이해 부족이 있다.

장애인에게 무료 승차 혜택을 제공하는 정책의 근본 목적은 무엇인가? 이동에 제약이 있는 사회적 약자에게 편의를 제공하고 이동권을 보장하기 위함이다. 역무원이 이러한 근원적 가치를 조금 더 중요하게 인식했다면, 다양한 대안을 모색할 수도 있었을 것 같다. 예를 들어 "외형상 장애가 확실히 인지되므로 이번은 예외적으로 인정해 드리겠습니다. 다만 다음에는 증명서를 지참해 주세요. 이번만 허용해 드립니다. 이게 규정이 있어서 그래요. 이해 부탁드려요."라고, 안내하거나, 인적 사항을 기록하고 추후 증명서 제출을 요청하는 등의 유연한 대응을 했어도 되지 않았을까? 그렇게 대응했다면 아마도 장애인은 창을 부수지 않았을 거다. 물론 폭력을 정당화하자는 건 절대 아니다. 상황을 고객의 입장에서 생각해 보자는 거다. 앞서서 말했지만 나도 철저히 '갑'의 입장으로 19년을 살다가 스타트업을 도우면서 '을'의 입장을 경험해 보니, '을' 그러니까 고객 입장이 더 잘 이해되어 이런 주장을 한다.

많은 조직에서 규정과 절차는 대단히 중요하다.

그러나 규정은 근원적 가치를 실현하기 위한 수단이지, 그 자체가 목적이 되어서는 안 된다. 그렇다고 규정과 절차를 무시하라는 이야기도 절대 아니다.

지하철 사례에서 역무원은 규정 준수에 집중한 나머지, 그 규정이 존재하는 근본 이유를 간과했다. 규정과 절차가 근원적 가치와 충돌할 때, 지혜로운 판단이 필요하다. 대부분 여기에서 문제가 생긴다. 물론 모든 상황을 다 규정화하면 좋겠지만 어떤 상황이 어떻게 벌어질지 모르기에 사실상 불가능하다. 따라서, 상황의 맥락을 고려하여 본연의 가치를 떠 올리며 유연하게 대응해야 한다.

고객과의 소통 시, 조직은 다음과 같은 '가치 중심 접근법'을 고려하기를 바란다.

1. 가치 명확화

조직이 제공하고자 하는 본질적 가치가 무엇인지 명확히 정의하라. 예를 들어 스타트업을 지원하는 조직은 스타트업에게 실제 도움이 되어야 한다. 스타트업을 지원하는 사업은 막연한 지원이 아닌 사업의 목적에 충실한 확실한 지원이 결과로 나와야 한다. 글로벌 진출을 돕는 사업이라면 확실히 글로벌 진출에 도움이 되어야 한다. 만약 주민센터에서 고객을 응대하는 사람이라면 방문한 고객이 원하는 서비스를 빠르고 정확히 제공하는 가치를 최우선으로 해야 한다.

2. 가치 내재화

회사 내 구성원들이 조직의 존재 가치를 이해하고 내면화할 수 있도록 교육하라. 예를 들어, 조직 내에서 조직의 존재 가치를 교육하기 위한 커리큘럼을 만들어 교육해도 되고, 아니면 조직의 리더들이 사례 중심으로 주기적으로 구성원과 소통할 수 있는 시간을 만들어도 좋다. 중요한 점은 조직의 가치가 구성원들에게 내면화되도록 시도하고 있는가이다. 조직이 우선하는 가치를 구성원들이 쉽게 본인의 입으로 이야기할 수 있어야 한다. 지금 본인이 몸담은 회사의 존재 가치가 무엇인지 이야기할 수 있는가? 불명확하다면 당신의 조직은 내재화 노력을 제대로 하지 않고 있다는 뜻이다. 당신이 관리자라면 조직 구성원에게 우리 조직의 존재 가치를 물어보라. 당신이 조직을 어떻게 관리하고 있는지 수준을 알 수 있다.

3. 가치 중심 의사결정

새로운 일을 기획할 때, A로 할지 B로 할지 판단이 필요하다고 가정해 보자. 주요한 판단 시점마다 우리 조직의 근본 가치에 비추어 볼 때 어떤 결정이 옳은지 생각하라. 예를 들어, 나는 내가 당장 매우 급하고 중요한 일을 해야 하는 상황인데, 스타트업이 나한테 다가와 무엇을 요구한다면 어찌해야 할까? 스타트업 고객 응대를 먼저 하는 게 우리 조직의 존재 가치에 맞다. 다른 예로 우리가 하는 행사가 스타트업을 위한 행사임에도 스타트업에게 도움이 되지 않는 세부 이벤트들로 구성이 된다면 과감히 스타트업에게 도움 되는 이벤트로 바꿔야 한다. 아무리 바쁘고 시간이 없어도 스타트업에 도움 되도록 의사결정을 하는 게 우리 기관에서는 가장 중요한 가치이기 때문이다.

우리의 존재 가치를 우선시해야 한다.

4. 규정과 절차의 유연한 적용

규정과 절차는 매우 중요한 나침반이다. 기본적으로 규정과 절차는 철저하게 준수해야 한다. 하지만 조직의 가치를 실현하는 데 있어 걸림돌이 되는 상황일 때는 규정과 절차도 도구임을 인식하고, 필요시 유연하게 적용하는 게 필요하다. 예를 들어, 고객이 일반적이지 않은 요구를 할 때, 무조건 안 된다고 하지 말고, 고객이 원하는 바가 원래 가치에 부합하는지 판단해 보라. 요구사항이 애매하면 애매할수록 가치 중심의 판단을 해라. 나는 여기 책에 차마 기록 못 하는 유연한 적용 사례가 많다. 스타트업에게 도움된다고 판단이 서면 나름 유연하게 규정과 절차를 추진하는 게 몸에 배어 있다. 여러분 회사나 기관에서도 고객을 직접 대하는 사람들에게 규정과 절차가 유연하게 적용될 수 있도록 고민해야 한다. 안 그러면 고객을 대하는 접점의 사람들만 융통성 없는 꽉 막힌 공무원 대우를 받기 십상이기 때문이다.

민원은 조직과 고객 간의 가치 기대치가 어긋날 때 발생한다. 따라서 민원을 근본적으로 줄이기 위해서는 조직이 제공하고자 하는 가치를 명확히 하고, 이를 일관되게 전달하는 것이 중요하다. '증명서가 없으면 안 됩니다.'라는 기계적 대응 대신, '어떻게 하면 이동 약자에게 편의를 제공하면서도, 공정성을 유지할 수 있을까?'라는 가치 중심적 질문을 던질 때, 우리는 더 나은 해결책을 찾을 수 있다.

근원적 가치를 추구하는 조직은 단순히 민원 수를 줄어들 게 만드는 목표를 넘어, 사회적 신뢰를 구축하고 고객과의 진정한 관계를 형성한다. 민원 관리의 궁극적 목표는 고객과의 신뢰 구축이다. 그러면 사회는 점점 나아지고 진정한 고객이 늘어나게 된다. 근원적 가치를 중요하게 여기면 모두가 즐거운 세상이 될 거다. 누구나 할 수 있다.

도울 수 있다면 도와라

대기업에서 온실 속의 화초로 지낼 때는 내가 스스로 잘 나서 대우를 받는다고는 생각했다. 하지만 대기업 타이틀이 없어지고 나서는 내가 과거에 느껴보지 못한 무시나 나를 함부로 대하는 이들을 어렵지 않게 만날 수 있었다.

정부가 세금으로 삶이 녹록지 못한 사람을 돕는 내용이 뉴스에서 나오면, 내 또래의 대기업 다니는 친구 중에는 '본인이 힘들게 낸 세금이 저런 사람들에게 지원되는 게 아깝다.'라는 말을 서슴없이 하는 녀석들이 생각보다 많다. 한마디로 젊어서 노력 안 한 사람은 손가락 쪽쪽 빨도록 도와주면 안 된다는 이야기다. 사실 나도 대기업 다닐 때 중소기업의 어려움을 몰랐고 세상에 힘든 사람이 많은지 적은지 아무 관심도 없었다. 그냥 대기업 업무 쳇바퀴 속에서 일하는 세상 물정 모르는 사람이었다. 하지만 대기업을 나와서 사업을 해보고, 특히 스타트업을 돕는 일을 하면서 느낀 게 많았다.

2016년 광화문에 있던 우리 기관에서 나는 전문위원 일을 했다. 그 당시 개인 사업을 하다가 구성원들이 하나둘 빠져나가는 일을 겪었고, 그 충격에 휩싸여 있을 때, 때마침 현재의 우리 기관에서 특강을 요청해서 스타트업 대상 특강을 했다. 이후 여기서 전문위원을 뽑길래 전문위원 직무에 지원하여 선발되었다. 개인 사업은 정리했다. 나는 그때 나 스스로 갑작스러운 거취 결정을 하며 정신적인 스트레스가 컸다. 머리도 식히고 의미 있는 일을 하고 싶어서, 전문위원으로 우리 기관에 들어와서 나는 창업자들의 시제품 만드는 걸 돕는 일을 했다.

내가 운영한 정부 지원사업은 최종적으로 50명을 선발해 각자에게 5천만 원을 지원해서 본인이 제안한 시제품을 만들 수 있도록 돕는 사업이었다. 그런데 50명을 선발하는 데 900명에 가까운 사람이 지원했다. 850명이 탈락하는 상황이었다. 나는 엔지니어 출신이다. 시제품 만드는 걸 돕는 일은 내겐 전혀 어려운 일이 아니었다. 선발된 50명은 일주일에 하루 정도의 시간으로 내가 전부 케어 가능했다. 나는 선발되지 않은 850명이 궁금

했다. 이들을 별도로 돕는 정부 지원사업이 있는가? 아니면 이들의 다음 행보는 어떻게 되는가? 대기업 다니다, 사업을 하다가 갑자기 정부 산하 기관에 온 나는 이런 상황에 대해서 도무지 아는 게 없었다.

나는 시제품 만드는 데는 자신이 있었기에, 선정되지 않은 850명의 사업 계획서를 들여다보았다. 이렇게 일주일 중 하루만 선정된 사람을 돌봤고, 일주일에 나흘은 선정되지 않은 사람을 돕기로 마음먹었다. 물론 시작할 때 끝을 예측하거나 특별한 의도 같은 건 없었다. 선정되지 않은 사람들의 사업계획서를 보다 보니 가관이 아니었다. 물리적으로 성립할 수 없는 아이템, 온갖 기능을 덕지덕지 다 갖춘 초 만능 앱, 이미 나와 있는 제품을 없다고 착각해 만들려는 사람, 딱 봐도 사기당할 것 같은 사람 등 떨어진 사람들의 사업계획서는 문제가 많아 보였다. 암담했다. 물론 그중에는 좋은 아이템으로 아쉽게 탈락한 이도 있었다.

아무튼 그날부터 나는 탈락한 사업계획서 중에서 문제가 많아 보이는 사업계획서 제출자에게 연락하기 시작했다. 정부 지원 기관에 있는 사람이라고 소개했지만, 사기꾼처럼 대하는 사람도 많았다. 일반적으로 탈락자는 관심 대상이 아닌데, 탈락자에게 전화해서 도와준다고 말했을 때 사기꾼

취급하는 건 어찌 보면 당연했다.

하지만 나는 꿋꿋이 전화했다. '당신이 이번에 지원해서 떨어진 사업 담당 전문위원입니다. 제출하신 사업계획서에 대해 제가 도움을 주고 싶어서 연락했습니다.'라고 통화했다. 다수의 사람이 찾아오겠다 했다. 그런데, 이들은 직장을 다니거나 일용직에 있거나 해서 주중 낮 시간에 우리 기관에 올 수 있는 사람은 많지 않았다. 그날부터 나는 평일은 밤 11시 30분까지, 주말에도 오후 5시까지 근무하는 일이 많았다. 밤에 그리고 주말에 미선정 창업자 다수를 만나 미팅하고 비즈니스 이야기도 나눴다.

그 당시 약 400명 정도를 도왔다. 그냥 미친 듯이 만났다. 몇 명을 돕겠다는 목표도 없었고, 이걸 통해 뭘 이루겠다는 의도도 없었다. 그냥 무작정 그들을 도왔다.

"이 사람들이 나중에 내가 도와줬음에도 불구하고 문제가 생기면 나한테 책임을 지라고 할까? 이렇게 많은 사람을 무작정 돕다가 나중에 시간 부족 등으로 중간에 포기하게 되면 어쩌지?"

사실 나는 이런 부정적인 생각을 전혀 하지 않았다.

왜?? 이렇게 힘든 사람이 많은데, 나라도 도와야 하지 않을까? 어딘가에 이런 사람을 돕는 시스템과 정부 기관이 있을 것 같긴 한데, 그 당시 마땅한 기관을 찾지 못했다. 그리고 이 많은 사람을 누구한테 소개해서 누구한테 맡길 수 있겠는가?

신뢰는 더 큰 보답으로 돌아온다

탈락자들은 매우 열악한 환경에 처한 사람이 많았다. 내가 진정성 있게 그들을 도우려고 한다는 걸 알고 난 후, 그들은 본인 처지를 솔직하게 말하기 시작했다. 갑자기 실직한 사람, 사기를 당해 가진 게 하나도 없는 이, 직장에 적응 못 해 창업을 시도하는 사람, 취직이 안 되는 청년 백수, 수백만 원을 들여 특허를 냈지만 막상 사업에 불필요한 걸 뒤늦게 알게 된 사람, 아르바이트 몇 개를 하며 하루하루 생활비를 버는 사람 등등. 다양한 사람을 만났다.

말도 안 되는 사업계획서를 제출한 사람은 논리적으로 설명해서 보완점을 알려드렸고, 정부 지원사업에서 번번이 떨어져 자신이 가진 돈으로 시제품을 만들려 시도하는 사람들에 대해서는 시제품 만드는 전 과정을 트레이닝시켜 드렸다. 견적서 받는 법, 견적서의 금액 타당성 확인하는 법, 시제품 제조 프로세스, 다양한 소재의 특성과 주의할 점, 시제품의 내구성과 요구 적정성 등, 또한 앱 시제품 만드는 방법, 외주 용역사와 계약 시 주의해야 할 부분 등 다양한 지식을 알렸다. 아무튼 선정된 사람들보다 탈락자 케어에 하루하루 바쁘게 살았다. 돌이켜 보면 이때가 참 행복했다. 어떻게든 삶을 바꿔보려 노력하는 사람들에게 희망을 줄 수 있었다. 같은 사람이 열 번 넘게 찾아오기도 했다. 바둑으로 말하면 한 명의 바둑기사가 400명이 넘는 사람과 다면기를 둔 격이었다. 각자 진도도 다르고 상황도 달랐다. 최선을 다해 도왔으며 생각 이상으로 사업을 잘 해내는 분도 많았다.

대부분 지금까지도 연락을 주고받는다. 놀라운 건 이분들이 마치 도처에 퍼져 있는 산업별 특파원처럼 다양한 비즈니스 상황을 나에게 알려준다. '어디 기관에서 진행하는 지원사업이 정말 최악이다.', '지금 미국인데, 마트에 본인 상품이 깔리고 있다.', '인공지능 비즈니스가 잘 돼서 직원 수가 30명을 넘었다.', '본인이 골프장 연관 비즈니스를 시작했는데 시도할 만한 정부 지원사업이 있는가?' 등 다양한 정보와 함께 본인 비즈니스 상황을 나에게 알려준다. 나는 가만히 앉아서 수백 명의 비즈니스를 모니터링하는 상황이 되었다. 내가 의도한 게 아니다. 자연스럽게 되었다. 잘될 것 같은 사업이 망한 사례, 별 볼 일 없어 보이는 비즈니스로 수백억 투자받은 대표까지 정말 버라이어티하다. 나는 지금도 스타트업을 돕는 게 내 주된 일이다 보니, 곳곳에 퍼져 있는 스타트업 대표들이 천군만마 같은 정보를 주기에 감사할 따름이다. 내가 그들을 돕는 게 다일 줄 알았는데, 시간이 흐르니 이들이 나를 돕는다. 정말 놀랍다. 강한 신뢰와 함께 나에게 정보를 준다. 내가 카톡으로 물어보면 아무리 바빠도 꼭 답을 해준다.

내가 아무런 조건 없이 도왔던 사람들이 내가 하는 일에 큰 도움이 되고 있다. 아이러니하지 않은가? 이름도 몰랐던 누군가를 도왔더니 도우면 도울수록 나한테 도움이 되는 역설적인 상황이다.

우리는 미래를 추측하나, 실제 미래는 아무도 알 수 없다. 충성 고객을 만들려고 다양한 노력을 하지만 의도대로 되지 않는 경우도 많다. 내가 잘 아는 분야, 나의 역량이 발휘할 수 있는 상황이라면 기꺼이 타인을 돕는 데 시간을 할애해 보자. 내 역량이 올바르게 남을 돕는 데 쓰일 수 있는 상황은 참 복 받은 거다. 누군가가 나에게 도움을 바란다면 또한 내가 도움을 줄 수 있는 거라면 기꺼이 도와라. 도움을 요청하는 게 고객이든 고객이 아니든 내가 도움을 줄 수 있는 여지가 있다면 도와보라. 그러면 어느 순간 그 긍정의 기운이 나에게 보답할 거다. 내가 도운 사람이 나의 진정한 고객으로 나에게 보답한다. 물론 보답을 바라고 도우라는 건 아니다. 자연스레 그렇게 되면 좋고 또 안돼도 상관없다.

스타트업을 돕는 일을 하면서 나는 내 인생을 돌아보게 되었다. 민원을 체감했고 멱살을 잡히며 쌍욕도 먹어봤다. 결국 알게 된 건 그들은 그만큼 힘든 상황에 놓여있었다. 자신을 도와줄 사람이 주변에 없었고, 회사를 유지할 여력이 없었고, 탈출구를 모르는 미로에 빠져 지푸라기라도 잡는다는 게 내 멱살을 잡은 거다.

진정한 고객을 발굴하는 방법은 멀리에 있지 않다. 타인을 도울 수 있다면 진심으로 도와라. 신뢰가 쌓이면 그들은 당신에게 예상하지 못한 더 큰 보답을 할 거다.

민원 제로 비밀 노트

민원의 벽을 넘어 충성 고객이 넘쳐나도록 고객과 소통해 봅시다. 진정성 있게 고객과 소통하고 신뢰를 쌓아 간다면, 악성 민원은 사라지고 우리에게 감사함을 표현하는 고객은 늘어납니다.

❶ 내가, 그리고 우리가 고객과 직접 소통하라. 고객에게 직접 다가가라.

❷ 처음 하는 시도는 고객 불만 발생 확률이 높다. 고객 소통을 기존보다 3배로 늘려라.

❸ 고객과 지속적 관계 형성이 가능하도록 실행 방안을 만들고 추진하라.

❹ 고객이 직접 문제 제기와 더불어 문제 해결에도 참여할 수 있는 기회를 만들어라.

❺ 우리가 하는 일의 근원적 가치를 고려하며 고객을 대하고, 회사를 가치 중심의 회사로 만들라.

❻ 내가 먼저 베푼 신뢰는 상상 이상의 큰 보답으로 돌아온다. 먼저 도와라.

고객은 무엇이고 왜 민원을 넣을까?

긍정적 사고와 양자얽힘

양자얽힘이란, 두 입자가 먼 거리에 있어도 계속 연결되어 한 입자에 행해지는 작용이 다른 입자에도 영향을 미치게 하는 물리적 현상을 말한다. 나는 '양자얽힘'이라는 용어를 접하고 깊은 생각에 빠졌다. 극도로 마이크로한 양자 세상과 일반 삶이 크게 다르지 않다는 생각.

어느 날 전화 한 통으로 인해 이 책을 집필하게 되었다. 예전엔 민원으로 고통받는 사람이 이렇게 많은 줄 몰랐다. 반대로 10여 년 전 나는 대기업 연구소 수석연구원이랍시고 중소기업에 떵떵거리던 사람이었다. 누구에게 아쉬운 소리를 할 일이 없던 위치였다. 하지만 지금은 완전히 반대다. 스타트업을 지원하는 일을 하면서 대기업 시절의 갑질에 반하는 상황이 되었다. 지금은 여기저기에 아쉬운 소리를 해야 하며, 항의와 민원을 감내해야 하는 상황에 놓여있다. 10년 전에 이렇게 될 줄 꿈에도 몰랐다.

이 모든 것이 연결된 게 아닌가? 양자역학이 새롭게 뜨는 분야로 여겨지고 있어서 관련 내용을 보다가 양자얽힘의 용어를 보고 물리적 현상이 결국 사람의 인생과도 같다는 철학적 생각까지 들게 했다.

고객은 무엇이고 왜 민원을 넣을까? 이 책에서 언급한 내 멱살을 잡았던 그 노인은 지금도 살아계실까? 이 민원에 관한 책이 그분이 아니었다면 탄생했을까? 그렇다면 그 할아버지도 나와 밀접한 나의 고객 아닐까? 그 멱살이 내 삶에 긍정적인 영향을 크게 미쳤기에….

민원을 줄이고자 책을 썼는데, 책 집필 마지막에 다다르니 모든 게 하나로 연결된다는 걸 알게 되었다. 이게 삶이지 싶다. 누구도 처음부터 모든 걸 다 알고 태어날 순 없다. 시행착오를 겪고 욕도 먹고 실패도 경험하면서 앞으로 나아간다. 그럴 때, 힘을 얻게 되는 상황은 누군가가 나에게 손을 내밀어 줄 때다. 그 손이 때로는 악수일 수도 있고, 멱살일 수도 있고, 나를 당겨주는 따뜻한 손일 수도 있겠다.

세상은 홀로 살 수 없다. 내가 이 삶의 주인인 것처럼, 각자 모두 삶을 잘 살고자 노력한다. 따라서, 유명한 진상 민원인임을 자랑스럽게 말하던 그

분도 나름의 의지를 다지고 잘 살고자 노력하던 사람이다. 내 멱살을 잡았던 그 노인도 잘살고자 하는 심정으로 내 멱살을 잡았던 거다. 그렇다. 모두 잘 살고자 노력했던 거다. 누군가가 나에게 시련을 준 것도, 내가 중소기업에 갑질을 한 것도, 모두 양자얽힘의 원리로 연결된 과정이다.

나는 연결된 이 삶 전체가 긍정적인 방향으로 움직이도록 만들고 싶다.

갑자기 회사에서 실직하여 고난에 빠진 사람도, 사업에 실패하여 빚더미에 앉은 사람도, 대기업의 주문이 끊겨 생계가 어려워진 사람도 모두가 긍정적인 방향성으로 살아갈 수 있다면 좋겠다. 어려움에 빠진 이들이 실패가 끝이 아닌, 본인도 모르게 연결되어 있던 긍정의 상황으로 인도되면 좋겠다.

그러기 위해선 당장 힘든 삶을 살고 있는 사람이 아닌, 현재 여유가 있고 베풀 수 있는 사람, 바로 그 사람이 베풀어야 한다. 나부터 베풀어야 한다. 힘든 삶을 도와야 한다. 민원에 관한 이 책도 누군가에게 희망의 등불처럼 읽히면 좋겠다. 혹 이 책이 도움 되었다면 나에게 이메일로 연락해도 좋겠다. 그냥 도움 되었다는 한 줄의 회신도 좋다. 그렇게 연락을 준 그 사람도 나와 양자얽힘으로 연결된 분일 거다.

어머니가 홀연히 돌아가시고 몸과 마음이 추워 기침과 몸살 속에서 이 책을 완성했다. 어머니가 나에게 주신 사랑을 그 무엇으로 갚을까? 세상을 조금이나마 긍정적 방향으로 돕고자 하는 아들의 마음을 어머니는 잘 알아주시리라. 너무나 그리운 어머니께 이 책을 바친다.